重庆工商大学市级"人工智能+"智能商务学科群丛书

面向汽车制造的精准物流研究

吴琼 铉静 靖富营 梅远飞 著

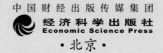

中国财经出版传媒集团

经济科学出版社
Economic Science Press

·北京·

图书在版编目（CIP）数据

面向汽车制造的精准物流研究/吴琼等著. -- 北京：
经济科学出版社，2024.1
（重庆工商大学市级"人工智能＋"智能商务学科群
丛书）
ISBN 978 - 7 - 5218 - 5563 - 0

Ⅰ.①面… Ⅱ.①吴… Ⅲ.①汽车工业 - 物流 - 产业
发展 - 研究 - 中国 Ⅳ.①F426.471.6

中国国家版本馆 CIP 数据核字（2024）第 034865 号

责任编辑：李 雪 袁 澂
责任校对：王京宁
责任印制：邱 天

面向汽车制造的精准物流研究
吴 琼 铉 静 靖富营 梅远飞 著
经济科学出版社出版、发行 新华书店经销
社址：北京市海淀区阜成路甲 28 号 邮编：100142
总编部电话：010 - 88191217 发行部电话：010 - 88191522
网址：www.esp.com.cn
电子邮箱：esp@ esp.com.cn
天猫网店：经济科学出版社旗舰店
网址：http：//jjkxcbs.tmall.com
固安华明印业有限公司印装
710×1000 16 开 18.25 印张 205000 字
2024 年 1 月第 1 版 2024 年 1 月第 1 次印刷
ISBN 978 - 7 - 5218 - 5563 - 0 定价：76.00 元
（图书出现印装问题，本社负责调换。电话：010 - 88191545）
（版权所有 侵权必究 打击盗版 举报热线：010 - 88191661
QQ：2242791300 营销中心电话：010 - 88191537
电子邮箱：dbts@ esp.com.cn）

丛书编委会

总 主 编：黄钟仪

编委会成员：（按姓氏笔画排序）

文 悦 白 云 吴 琼 吴航遥

周愉峰 胡森森 曾 波 詹 川

商务领域正经历着一场由智能化技术驱动的深刻变革，智能商务已成为引领行业发展的先锋力量、推动社会进步的重要引擎。重庆工商大学市级"人工智能＋"智能商务学科群于2019年获批，学科依托人工智能学科与工商管理优势学科的交叉融合，重点面向先进制造业、现代服务业和战略性新兴产业商务活动的大数据智能化升级需求，着力开展智能预测与决策、电子商务智能运营、智慧物流与路径优化、智能商务模式创新等方向的人才培养和科学研究。首批丛书包含我们最新的部分研究成果。

智能预测与决策方向包含三本专著：《不确定环境下的血液供应链运作决策：建模、优化与仿真》研究了不确定环境下国家血液战略储备库选址—库存鲁棒优化、采血点定位—资源配置集成决策的鲁棒优化、突发公共卫生事件应急血液转运—分配决策的双层规划、基于ABM＋SD混合仿真的血液供应链绩效演进与评价等若干关键问题。《灰色系统建模技术与可视化智能建模软件》探讨了灰色算子的作用机理，研究了灰色预测模型和灰色关联模型，实现了灰色系统建模技术的可视化。《不确定语言信息环境下群体智能决策方法研究》通过构建合理的决策模型和优化算法，研究了在不确定语言信息环境下，如何运用群体智能进行决策的问题。

智慧物流与路径优化方向包含一本专著：《面向汽车制造的精准物流研究》。该书基于精益思想研究了汽车制造中零部件供应环节的成本和效率优化问题，讨论了零部件从供应商出厂到零部件投料到主机厂工位全过程的物流优化，提出了基于工位编组驱动的汽车零部件入厂物流模式，设计了一套针对已经投产工厂的优化模型及一套针对新工厂的入厂物流体系设计模型。

智能商务模式创新方向包含一本专著：《"区块链 +"生态农产品供应链的融合创新研究》。该书从"区块链 +"生态农产品供应链融合创新的视角出发，揭示了区块链融合生态农产品的原理和机制，研究了生态农产品供应链的组织模式和信任机制，前瞻性地提出了面向数据共享的整合"数据、信任、平台、应用、治理"等五个维度的"区块链 +"生态农产品供应链体系。

本系列丛书是智能商务学科群的部分研究成果，后续将推出涵盖电子商务智能运营、大数据管理与智能运营等研究方向的最新研究成果。希望这些研究能为相关领域的学者、政策制定者和实务工作者提供有价值的理论参考和实践启示。

感谢学校同意本学科群对本丛书的出版支持计划，感谢出版策划、作者、编者的共同努力，希望本学科的研究后续能够继续得到相关出版支持。小荷已露尖尖角，愿有蜻蜓立上头。希望本系列丛书能够得到学术界和实践界的关注和指导。

丛书策划编委会
2024 年 1 月

前　言

随着中国汽车产业的快速发展，汽车零部件入厂物流的重要性越来越显著。汽车零部件入厂物流是汽车供应链良性运作的最关键部分，它需要持续优化，同时也是控制成本，提高生产效率和调控生产最重要的一个环节。汽车供应链零部件物流正在面临前所未有的挑战，无论是主机厂，还是零部件供应商，都应加强对全球市场的洞察，增强供应链物流韧性，提升抗风险能力，更要重视智能化、绿色化物流技术应用，加强智慧化物流应用场景构建。

目前，中国的汽车产业已进入全球化高速发展阶段，从供应链角度来看，零部件入厂物流至关重要，汽车入厂物流环节涉及数百家遍布全国甚至是全球的零部件供应商和上万个零部件品种，其管理特别复杂和困难。因此，优化入厂物流配送对于提高汽车制造效率尤为重要。本书研究汽车供应链零部件入厂物流精准化管理的一个全新模式，结合供应链和物流管理的理论，提出了基于工位编组驱动的汽车零部件入厂物流优化路径的一种精准物流运作模式，对加速优化主机厂的物流链、降低入厂物流成本、提高企业物流管理水平具有一定的指导意义。

第一章系统性地梳理和总结了汽车零部件物流的理论体系，并对汽车零部件物流运营理论进行了总结。第二章对入厂物流系统进行详细的研究，重点研究了零部件入厂物流的三个主要环节：运输环节，厂内操控环节和投料环节。第三章构建了工位编组驱动零部件入厂物流模式，设计了两种典型优化场景的优化路径，以及每种优化场景中需要解决的关键技术问题，并构建了该模式有效运营的支撑体系。第四章研究了运营场景中工位编组驱动模式优化的关键技术问题，构建了鲁棒性优化的数学模型，设计了遗传算法（GA）和局域搜索（LS）算法相结合的混合遗传算法（HGA）进行模型求解，并用实际案例进行了仿真和验证。第五章构建了工位编组驱动下车辆路径和库容集成优化的数学模型，对零部件入厂物流全过程的总成本进行综合优化，使入厂物流的总成本最低，设计了混合启发式的遗传算法进行模型求解，并用实际案例进行了仿真和验证。第六章将工位编组驱动的物流模式应用到A汽车公司一个正在运营工厂的入厂物流优化中，并指导A汽车公司新建工厂的零部件入厂物流规划，详细展示了应用过程以及两种不同优化场景下的应用效果。第七章对全文进行了总结，并对汽车零部件入厂物流的发展趋势进行了展望。

本书从汽车物流管理理论入手，由浅入深，理论与实际相结合，研究了工位编组驱动的零部件入厂物流模式在全新工厂的场景下，达到最优化的关键技术问题：在稳定的工位编组投料需求驱动下，实现入厂物流车辆路径和物料操控区零部件库容集成优化，实现入厂物流总成本最小的目标。构建了工位编组驱动下车辆路径和库容集成优化的数学模型，对零部件入厂物流全过程的总成本进行综合优化，使在满足生产需求的前提下，集成优化取货成本、厂内库存成本、库内作业成本，使入厂物流的总成本最低。设计了混合启发式的遗传算法进行模型求解，并用实际案例进行了仿真和验证。最后引发读者对未来汽车供应链零部件物流行业的思考，鼓励读者解决更多的行业问题。

本书是重庆工商大学物流管理专业本科和研究生适用的专业参考书籍。本书从汽车零部件物流概念入手，介绍了物流运营管理理论，详细阐述了汽车供应链零部件物流运营管理，系统地提出基于工位编组驱动的汽车零部件入厂物流配送优化模式，并介绍了 A 公司实际应用的汽车物流运营管理案例，最后对汽车供应链零部件物流行业的发展趋势进行展望。本书既可以作为高校物流管理、工业工程、工商管理等专业的专业核心课程参考教材，也可以作为从事相关研究人员的参考书籍。

本书由重庆工商大学吴琼、铉静、靖富营、梅远飞合著。隆美莲、刘婷、雷松为本书的撰写工作作出了重要的贡献，在此特别感谢。本书的撰写分工如下：吴琼负责全书的主要撰写工作，统筹和安排各项撰写工作和统稿；铉静负责撰写第一章、第二章和第六章、第七章，约8.6万字；靖富营和梅远飞全程参与本书的撰写、校对、讨论和修改等工作。在本书撰写过程中，参考大量的国内外论文、论著和教材等素材，主要参考资料已在参考文献中列出，可能会有遗漏，在此对国内外有关作者和出版机构表示衷心的感谢。感谢出版社编辑的辛勤劳动，使本书得以顺利出版。

由于本书涉及内容较广，知识更新速度较快，加之作者水平有限，因而书中难免出现错漏或不妥之处，敬请各位专家和读者批评指正，提出宝贵意见。

作者

2024 年 1 月

目　录

第一章

汽车零部件物流概述

进入 21 世纪以来，我国汽车产业快速发展，2023 年上半年中国汽车出口超越日本，成为世界第一。据中国汽车工业协会统计，2023 年 1~6 月我国汽车产销量分别为 1324.8 万辆和 1323.9 万辆，同比分别增长 9.3% 和 9.8%。随着汽车产业不断发展壮大，在国民经济中的地位和作用持续增强，对推动经济增长、促进社会就业、改善民生福祉作出了突出贡献。而汽车产业的发展与汽车物流的发展密切相关。汽车入厂物流环节涉及数百家遍布全国甚至是全球的零部件供应商和上万个零部件品种，其管理特别复杂和困难。在面对新的市场竞争形势下，对汽车零部件入厂物流进行深入研究具有重要的现实意义和战略意义。

随着国产自主品牌的崛起以及品质的不断提升，国内汽车制造业竞争越来越激烈，单车利润空间逐年下降，如何降低成本，提高效率，成为汽车产业发展的主旋律。因此汽车物流在面对新的产业变革中也需要不断改善和优化，降低物流成本提高物流效率也是汽车物流的必由之路。因此，如何有效降低生产成本，通过技术改进，提高生产效率，缩短产品交期，提高产品的质量和服务水平，增强产品的市场竞争力，是汽车制造企业当前所面临的主要问题。为了满足消费者对汽车产品个性化、高性价比的追求，汽车产业的生产方式也逐步从传统的少品种、大规模生产方式向多品种、小批量的生产方式转变，因而高频次、小批量的入厂物流配送需求也随之产生。

在欧美及日本等经济发达国家，专业物流服务已成熟，并形成了规模，它对提高汽车主机厂的运营效率、降低流通成本等方面大有裨益，并可以将企业的有限资源和精力集中于汽车供应链的核心业务上。虽然自主品牌汽车产业在近 20 年来取得了快速发展和长足进步，但是仍然面临严峻的竞争压力，不仅要投入精力进行产品的研发、市场营销，对抗国际品牌的竞争，还要投入大量资源进行生产运营管理，以提高生产效率，降低运营成本，提升产品的市场竞争力。因此，国内多数汽车主机厂借鉴国际品牌的 JIT 准时配送等先进生产方式，提高效率，降低成本。JIT 生产配送模式是由丰田公司最早提出的一种追求多品种、小批量配送的柔性制造模式，并最大限度地减少各种浪费的先进生产管理方式。是现代精益物流发展的要求，也是欧美、日本等发达国家采用比较广泛、影响较大的一种先进物流方式，它对降低物流运作成本，提高物流运作效率有重要的意义。因此，在中国自主品牌汽车的生产制造中，如何对现有的零部件入厂物流系统进行持续优化、改造和提升竞争力，是非常值得研究的问题。

第一节　汽车物流概述

一、汽车物流概述及分类

汽车物流是集现代仓储、保管、运输、搬运、包装、产品流通及物流信息于一体的综合性管理，是连接原料供应商、零部件供应商、主机厂、经销商、物流服务商及终端客户的桥梁，更是实现汽车从生产到消费各个流通环节的有机整合。对汽车制造企业来说，汽车物流包括生产计划制订、采购订单发布及跟踪、物料清单维护、供应商的管理、排产计划制订、运输管理、进出口零部件管理、零部件的接收、仓储管理、拣配货及在制品的管理和生产线的物料管理、整车的发运等。

汽车物流是指汽车供应链上的零部件、整车在各个环节之间的实体流动过程，是连接供应商、生产商、消费者的纽带。广义的汽车物流还包括汽车逆向物流。从企业系统活动结构角度可分为入厂物流（inbound logistics）、生产物流（production logistics）、销售物流（distribution logistics）、逆向物流（reverse logistics）。

（1）入厂物流。入厂物流是汽车物流的起点，任何汽车的生产都是从原材料、零部件供应开始。入厂物流涉及供应商、主机厂、仓库、第三方物流服务商、运输公司、司机、零部件种类、数量等多方面，是汽车物流四个模块中最复杂的一部分。因此，入厂物流在汽车供应链中占有非常重要的地位。

（2）生产物流。汽车生产物流是汽车生产过程中的物流活动，指原材料送达工厂之后或者是完成检验之后，在需要的时间将其运到指定工位进行生产或组装，从而使实物流从一个工位向下一个工位传送直到下生产线的过程。物料依据工艺路线和生产节拍，在原料库、机床的加工工位、物流单元和成品库之间的流转过程，实际上已成为大规模个性化定制生产模式中不可分割的重要组成部分。

（3）销售物流。是指成品车从生产线生产出来以后，通过各种运输工具最终送达客户手中的一系列物流过程。销售物流是多公司参与的复杂绩效系统，包括货主、承运商、收货方，财务与社会的目标也可能存在多方冲突，承运商除需保持自身盈利之外还需符合法律法规要求，货主为降低自身物流成本寻求更低价格的承运商。

（4）逆向物流。逆向物流包括退货物流和回收物流。退货物流是指将不合格的产品以及包装物料返回供应方的物流活动。废弃物物流以保护环境为出发点，是将失去价值的产品进行回收处理的物流活动。逆向物流作为价值链中特殊的一环，存在分散性、缓慢性的特点以及运作复杂性、实施困难性和供给模糊性的显著特征。

（一）入厂物流

1. 入厂物流概述

学术界对零部件入厂物流的研究比较多，不同的学者有不同的定义，迈克尔·波特（Michael E. Porter, 1985）在其《竞争优势：创造和保持优势》一书中提出了价值链增值模型，其中对入厂物流进行了分析和阐述，认为入厂物流是主机厂为了获得零部件而产生的接收、存储等相关活动，包括零部件的运输与存储、零部件库存的管理与控制、运输规划与调度以及供应商包装设计及回收等活动。目前被广泛认可的是波特 1985 年对入厂物流的定义：汽车零部件入厂物流是连接供应商与主机厂之间物料供应的重要活动，是主机厂生产连续稳定运行的重要保证，在波特的价值链模型中是增值的五大主要活动之一，被定义为"接收、存储并为生产提供资源的相关活动，包括物料的运输与存储、库存控制、车辆调度及物料容器返回供应商等活动"。

目前，国内的学者普遍地将汽车物流划分成：入厂物流、生产物流和销售物流三大部分，比较典型的分类如图 1-1 所示。

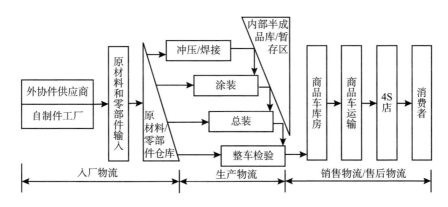

图 1-1 汽车物流过程及分类示意

汽车零部件入厂物流是汽车企业根据生产、经营和战略目标的需要，及时快速地提供和组织零部件物品的物流活动。包括零

部件运输、仓储以及配送三个物流环节。零部件入厂物流首先是
一项追求物流增值的经济活动，是确保零部件在提供者、组织者
与需求者和生产线之间顺利流动的经济活动。另外，由于企业入
厂物流是一个严密、完善、复杂的系统，因此零部件入厂物流运
行过程也是一项庞大而复杂的系统工程。

　　本书研究的入厂物流的范围有别于传统的入厂物流的划分范
围，本书研究的零部件入厂物流包含传统汽车物流分类标准中的
入厂物流和生产物流中的生产线装配工位之前所有的零部件物流
活动，即主机厂的一级供应商生产完成的零件或者组装好的部
件，按照主机厂订单，从供应商出发，经过运输、搬运、仓储、
整备、配送、投料等物流环节到达主机厂生产线工位全过程的物
流活动。详细描述如图1-2所示。

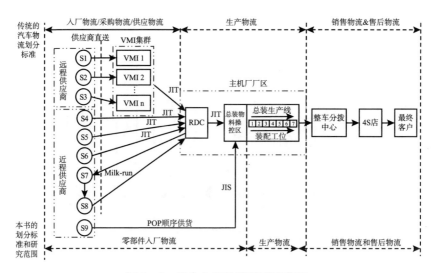

图1-2　汽车入厂物流的研究范围

2. 入厂物流的特点

汽车物流是公认的最复杂、最专业的物流系统，而汽车零部件入厂物流作为汽车物流的核心环节，体现了汽车物流覆盖范围广，复杂程度高，操作难度大等属性。同时，汽车物流不仅是汽车生产制造不断进步的前提，也是伴随生产并实现本身价值增值的一种活动。汽车零部件入厂物流与汽车生产过程密切相关，制造企业的生产特点，决定了其入厂物流的特点。它具有以下几点特征：

（1）复杂度高是汽车零部件入厂物流的显著特征。在汽车制造行业，其对专业化程度要求之高以及生产技术的复杂性是其他行业无法比拟的，汽车装配的工序多，管理零部件的种类多，物流信息量非常大。一般主机厂都有多达上千家零配件和供应原材料的供应商，这就决定了汽车零部件入厂物流的复杂程度高。因此，汽车零部件入厂物流的进入门槛比较高，也是阻碍物流企业进入汽车物流领域的最大障碍。

（2）以汽车主机厂为核心，汽车主机厂是供应链中的链主，主导整个供应链，进行整个供应链的设计、运作和优化。通过物流和信息流拉上游供应商的原材料供应，推动下游分销商的产品分销及客户服务。

（3）汽车零部件入厂物流对供应链成员之间及主机厂内部相关部门之间协同度要求很高。由于汽车行业订单驱动生产的趋势越来越显著，汽车物流的操作不仅在运作流程上有很多特殊性，而且对各协作成员之间和主机厂各相关部门之间的协同性要求较高。其重点在于：整合与协同。其中供与需之间的节奏相互协同以及内外部资源的高效整合难度比较大，同时主机厂内物流相关部门之间的协同也非常困难。阻碍了供应链的高效运行。

（4）汽车零部件入厂物流的操作难度大，物流配送功能的专业化要求高。由于汽车制造工艺复杂，工序多，专业性比较强，需要专业的物流运营能力对数量庞大的零部件进行高效有序的组织和运作，以满足主机厂连续不间断的流水线生产需求。从事汽车物流的企业不仅需要具备专业化物流理念，而且要求掌握汽车制造的相关工艺和装配流程。

（5）运输距离较远，运输整合难度大。在全球化生产越来越普遍的今天，汽车生产的供应体系已经全球化，同时，我国幅员辽阔，汽车零部件供应商的地理位置分布也比较散，并且路况复杂，不同地区之间的远程运输整合的难度较大。

（6）信息化水平要求高。要实现汽车零部件入厂物流高质量的运行，就需要汽车供应链成员以及物流运营商具备必要的信息技术的基础，JIT 和 MRP Ⅱ 的融合，物流、信息流、资金流的快速响应都对信息化提出了较高的要求。GPS 技术、RFID 技术、条码技术、自动化技术等在智能物流的应用都能更好响应顾客的需要，提升物流服务质量和客户满意度。

（二）生 产 物 流

1. 生产物流的概念

企业生产物流涉及生产运作管理，指企业在生产工艺中的物流活动，也就是整个生产活动过程中，原材料、零部件及半成品按工艺顺序流通在不同车间、不同工序处，使其最终成为生产成品，送达成品库存储的过程。原材料，半成品等按照工艺流程在各个加工点之间不停顿地移动、转移，形成了生产物流。如生产物流中断，生产过程也将随之停顿。生产物流的发展经历了人工物流、机械化物流、自动化物流、集成化物流和智能化物流五个阶段。

现在，人们开始重视将这个生产过程串联在一起，如珍珠串联般，将一个个单独的生产加工过程联系在一起，使物流活动所消耗的时间远多于实际加工的时间。对企业来说，优化生产物流的组织，可缩减生产周期，降低物流成本。

2. 生产物流的多层分析

"生产物流"在企业的运营中扮演着至关重要的角色，它的影响力不仅限于原材料和外部供应商，还包括整个制造周期。它不仅覆盖制造车间和工段，还涉及整个制造过程。物料投入生产即形成物流，根据时间的推移而发生各种状况的转换，包括加工、装配、储存、搬运、等待等状态的改变以及各个车间、工段、工作地、仓库等场地的改变。

从物流属性角度分析，可以清楚地看出，企业的生产物流是一种复杂的动态过程，涉及原材料、辅助材料、零配件、在制品和成品等多个环节，经历生产系统各个生产阶段或工序的全部运动过程就是生产物流。

从生产工艺角度分析，生产物流是指企业在生产工艺中的物流活动，即物料不断地离开上一道工序，进入下一道工序，不断发生搬上搬下、向前运动、暂时停滞等活动。这种物流活动是与整个生产工艺过程伴生的，实际上已构成了生产工艺过程的一部分。

生产物流是企业生产活动与物流活动的有机结合，它们之间的关系变得更加密切。为了实现最佳的生产效率，必须充分考虑到各种生产因素，主要从以下三个层次来进行优化：第一，生产流程对物流线路的影响；第二，生产能力对物流设施配备的要求；第三，生产节拍对物流量的影响。

3. 生产物流的过程

企业生产物流的过程大体为：原材料、零部件、燃料等辅助材料从企业仓库和企业的"门口"开始，进入生产线开始端，再进一步随生产加工过程各个环节运动，在运动过程中，本身被加工，同时产生一些废料、余料，直到生产加工终结，再运动至成品仓库便终结了企业生产物流过程。

（三）销售物流

1. 销售物流的概念

销售物流（distribution logistics）是指生产企业、流通企业为保证自身的经营效益和利润目标，在销售产品时，将产品所有权转给用户的物流活动。从企业的成品仓库、流通仓库以及厂内分发销售等产品流程中所完成的物流活动，分为生产企业的直销与流通企业的销售。

2. 销售物流的过程

销售物流的过程通常从生产企业的成品仓库出发，采用分销物流系统配送，首先完成在主干线的配送活动，而后再利用配送完成区域范围的货物运送活动，最后送达公司、商品经销商以及最终消费者。它与企业销售系统相配合，共同完成产品的销售任务。销售物流的工作环节大致分成产品包装、产品储存、货物运输与配送、装卸搬运、流通加工、订单及信息处理、销售物流配送网络规划与设计七个环节。

3. 销售物流服务的三要素

销售物流服务的要素包括以下三个要点：时间要素、可靠性要素和方便性要素。

（1）时间要素：主要是指订货周期时间，即从客户确定对某种产品有需求与被满足之间的间隔。它主要受以下几个变量的影响：①订单传送；②订单处理；③备货；④装运。

（2）可靠性要素：是指根据客户的要求，将所订的货物安全、准时、无误地送到客户指定的地点。如果货物破损或丢失，客户不仅不能如期使用这些货物，还会增加库存和销售成本。若收到破损的货物，就意味着客户不能将之用于生产或销售，这就增加了缺货损失。另外，由于不安全交货还会使客户向承运人提出索赔或向卖方退回破损商品。

（3）方便性要素：是指销售物流的方法必须灵活。客户对产品包装、运输方式、运输路线、交货时间等的要求各不相同，为了更好地满足客户要求，就必须确认客户的不同要求，为不同客户设计适宜的服务方法。

（四）逆向物流

1. 逆向物流的概念

逆向物流（reverse logistics）也称为反向物流，美国物流管理委员会将其定义为"对原材料、在制品、产成品及其信息，从消费地到起始地的高效率、低成本的流动而进行规划、实施和控制的过程"。概括地讲，逆向物流就是物品从下游向上游运动所引发的物流活动。逆向物流包括了普通物流活动中的所有环节，不同之处在于逆向物流只是在回流过程中进行的这些操作。

2. 逆向物流的分类

（1）按照回收物品的渠道来分。按照回收物品的特点可分为退货逆向物流和回收逆向物流两部分。退货逆向物流是指下游顾客将不符合订单要求的产品退回给上游供应商，其流程与常规产品流向正好相反。回收逆向物流是指将最终顾客所持有的废旧物品回收到供应链上各节点企业。

（2）根据逆向物流材料的物理特征分。根据其物理特性，逆向物流分为钢铁和有色金属制品逆向物流、橡胶制品逆向物流、木制品逆向物流、玻璃制品逆向物流等。

（3）根据成因、途径、处置方式以及产业形态分。按成因、途径、处置方式以及产业形态的不同，逆向物流被学者们区分为投诉退货、终端使用退回、维修退回、商业退回、生产报废与副品以及包装6大类别。

3. 逆向物流的过程

通常来说，逆向物流是指消费者将货品或服务传递给生产商的过程。这一过程通常包括四级：第一级是零售商，第二级是分销商，第三级是生产商，第四级是供应商。按照这一顺序，逆向物流的管理也包括零售商、分销商、制造商和供应商管理流程。逆向物流业务主要有回收、检验、分类和处理等。

（1）回收。分为内部回收和外部回收，前者主要指报废零部件及边角材料的回收，后者主要指退货、召回产品、报废产品回收等。

（2）检验。各级节点对于流经该级的逆向物流要做检验，以控制逆向物流的不合理形成。如零售商通过检验退货，控制客户的无理由退货，配送中心通过检验，决定产品是否再分销。

（3）分类。在每次检查过程中，都应该将产品归类，以确定为什么会回流。这样，就将流经这一级别的物流进行分流处理。

（4）处理。对流经各级节点的逆向物流，经各级节点分类后，先由自身节点处理，对不能处理的向下一级节点转移，由下一级节点处理，直到生产商终端。零售商对逆向物流中的可再销售产品继续转销，无法再销售产品交由配送中心处理；配送中心对可再分销产品继续分销，无法销售产品转移到生产商处理；生产商对可维修产品进行维修，然后再销售，对不可维修产品、回收报废产品及零部件、生产中的报废零部件以及边角材料通过分拆、整理重新进入原料供应系统，对召回产品通过分拆，进行更换零部件或技术改造等补救措施，重塑产品价值，对于产品包装物，以及分解后的不可再利用部件，要采取填埋、机械处理等环保方式处理。

二、汽车物流管理组织

（一）组织结构

供应链物流组织作为供应链的一部分，运作受到供应链本身的限制和影响，存在组织长度与宽度的问题。

1. 供应链物流组织的长度

供应链长度指构成供应链的链节企业层级；供应链物流组织长度指构成供应链物流组织的横向企业层级，即水平结构。后者更侧重于强调物流相关企业在组织中的地位与作用，如制造商的物流部门、仓储服务提供商、运输服务提供商等。同一物流服务提供商可能处于供应链物流组织的不同层级。供应链物流组织的长度受到众多因素的影响，包括供应链自身的长度，供应链成员企业的经营策略（如外包）、物流服务提供商实力（部分物流服务提供商可提供门到门服务）、国家政策法规等。

2. 供应链物流组织的宽度

供应链宽度指供应链物流组织每一层级所出现的企业数量，即垂直结构。研究方法和对该组织的长度研究相近。认识供应链的宽度需要从整个供应链的角度出发，包括原材料采购、生产制造、物流配送、销售渠道等方面。了解供应链的宽度需要掌握供应链的各个环节和流程，以及各个环节之间的关系和协作。同时，还需要关注供应链的变化和趋势，不断更新和优化供应链的管理和运营。

（二）组织管理

通过对供应链的全面分析和评估，将其视为一个有机的联合体，能够有效地整合和配置公司的内部资源，还能够有效地实现对客户的服务，从而达到客户的期望。然而，由于市场的变化，联合体的结构也经常改变。成员企业间在物流领域的互动体现在战略层、战术层和作业层三个层次。

鉴于供应链物流组织的复杂性，影响供应链物流组织绩效的因素主要有：

（1）组织特征。结构和技术是供应链物流组织特征的主要构成因素，合理的组织结构和先进技术手段的应用能有效地提高组织绩效。结构指不同成员企业之间的关系及成员企业自身构成。"科学技术是第一生产力"，各种技术在现代物流管理中的作用越来越大，应用的范围越来越广。

（2）成员特征。优秀的联盟离不开各个成员企业，成员的运作方式和态度对于团队的发展至关重要。这些公司的经营战略、技术水平、价值观、竞争优势等都会影响团队未来的发展。

（3）环境特征。一般来说，不可控因素涉及多个领域，包括经济、文化、社会、政治、法律和竞争等。

1. 供应链管理组织的特点

（1）精益化：精益化的核心在于精干，消除无效活动和浪费；

（2）智能化：具有极强的学习能力；

（3）敏捷化：是一种重视速度的行为，旨在通过提高组织的敏捷性来实现经济效益快速增长；

（4）柔性化：对环境变化能及时地做出能动的反应。

2. 供应链管理组织设计原则

（1）有效性原则：有效性原则是供应链管理组织设计原则的核心，是衡量组织结构合理与否的基础；

（2）合理管理幅度原则：一名管理者能够直接管辖的下属为 8 ~ 15 人；

（3）职责与职权对等原则；

（4）协调原则；

（5）稳定与适应结合原则。

3.传统供应链管理组织形式及其问题

（1）分散型管理组织。

自20世纪50年代至60年代，分散型管理组织逐渐壮大，以传统的职能专业化分工为基础，划分了采购、财务、制造、市场营销等部门，如图1-3所示。

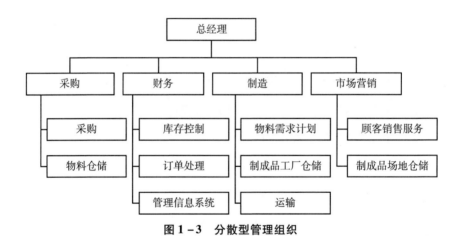

图1-3 分散型管理组织

分散型管理组织是一种灵活的管理结构，旨在提高组织的适应性和创新性。其核心理念在于将权力和决策下放至各个管理层，使不同层次的管理者更富有弹性地应对市场变化和客户需求。这一结构鼓励地方团队更直接地参与决策过程，激发了组织内的创新精神，同时使组织能够积极深化本地化战略，充分发挥不同地理位置的优势，提供更符合当地市场需求的产品或服务。

在这种环境下，员工通常更具参与感，有助于提高员工满意度和投入感。但是，由于各部门可能受到各自利益的驱动，协调物流系统的运作变得相当困难，可能导致沟通难题的出现。这种沟通困境可能导致信息传递不畅，资源浪费以及目标一致性难以维持，从而影响整体效率。

在适用范围方面，分散型管理结构更适用于需要灵活性和创新性的行业和组织类型，如跨国公司、大型企业以及服务多元市场的组织。但是，在一些需要高度集中控制和标准化的行业中，这种结构可能并非最佳选择。在实践中，这种组织管理方式广泛存在于我国制造型企业。

（2）功能集合型管理组织。

功能集合型管理组织是一种强调团队协作和跨职能合作的管理结构，如图 1-4 所示。其核心理念在于将组织内不同职能和专业领域的人才融合成一个高效协同的团队。这一管理模式旨在打破传统的部门隔离，通过促进各个职能组件之间的密切互动，实现更为流畅的工作流程。在功能集合型管理组织中，跨职能团队通常被构建用于完成特定的任务或项目，而不仅是单一职能部门。

在这一管理结构中，重点在于将不同专业领域的专业知识整合在一起，形成一个协同工作的整体。这有助于加速决策过程，提高问题解决的创新性，并促进知识共享。由于各个职能团队成员拥有不同的技能和经验，他们能够更全面地理解问题，并提供多样化的解决方案。功能集合型管理组织鼓励开放的沟通和信息流动，以确保每个成员都能为整个组织的成功作出贡献。

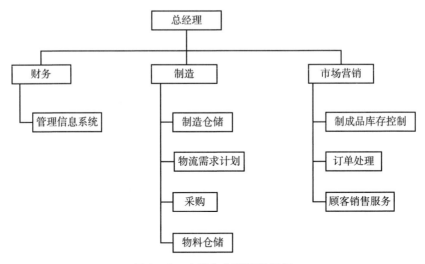

图 1-4 功能集合型管理组织

　　然而，功能集合型管理组织也存在一些缺点。由于跨职能团队通常是为特定任务或项目而组建的，可能存在团队成员之间长期协同工作默契不足的问题。这可能导致沟通不畅和协作难度，尤其是当团队成员来自不同专业领域时。管理这样的组织结构需要一定程度的灵活性和协调能力。领导者需要有效地调解来自不同职能团队的利益冲突，并确保整个组织的目标得到充分实现。这对领导层提出了更高的要求，需要具备卓越的领导和沟通技能，以确保团队成员保持合作和共同努力的动力。

　　在适用范围方面，功能集合型管理组织更适合需要灵活性和创新性的行业和组织类型。在快速变化的环境中，这种结构能够更好地适应市场的变化，提高问题解决方式的创新性。然而，在一些需要高度标准化和集中控制的行业中，功能集合型管理可能会面临困难，因为这种结构强调的是灵活性和多样性，而非严格的标准化。在实践中，它更适用于那些外部环境较为稳定、采用传统技术，并且注重内部运营效率和员工专业能力的中小型企业。

（3）功能独立型管理组织。

功能独立型组织结构是根据企业各个单位执行的工作性质构建的，通常基于人们共同的专业知识、经验或使用相同资源的原则将其组合在一起。对于大多数企业而言，功能型组织结构涵盖市场部、财务部、人力资源部、研发部等职能，如图1-5所示。

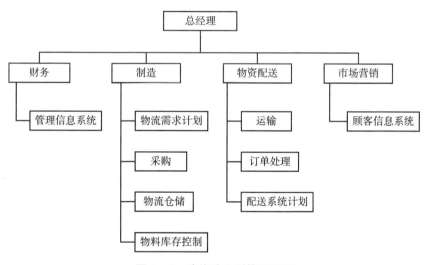

图1-5 功能独立型管理组织

在功能独立型管理组织中，各个部门通常由专业领域的专家领导，他们负责确保其部门能够高效地履行特定职能。这种结构有助于充分发挥每个部门的专业知识和技能，提高工作效率。同时，它简化了组织内部的决策流程，因为每个部门可以独立制定并执行与其功能相关的决策，无须漫长的协商和协调。

然而，功能独立型管理组织也存在一些潜在缺点。由于各个部门相对独立，可能导致信息流动不畅，协作困难。这可能会影响整体协同效率，尤其是在需要不同部门协同完成任务时。此外，当市场环境发生变化时，功能独立型管理组织可能相对缺乏灵活性，因为各部门更专注于自身任务，较难迅速适应外部变化。还存在资源分配问题，因为各部门独立决策可能导致资源不均衡分配。

功能独立型管理组织通常更适用于相对稳定和标准化的行业，任务较为明确，各功能部门相对独立。例如，制造业中的生产、营销和研发部门可能更容易划分为独立的功能部门。在实践中，由行政性公司转变而来的企业集团、企业性公司转变而来的企业集团、股份制企业集团以及由若干实力大体相同的企业组成核心层的企业集团更适合采用这种结构。

不论是分散型、功能集合型还是功能独立型物流管理组织，由于物流活动仍处于分散或独立未分化状态，其缺点是无法制定全公司性质的物流政策、物流战略和物流计划作为非核心业务。物流活动被埋没在部门活动中，其发展势必会受到限制。

三、汽车入厂物流研究现状

（一）入厂物流模式

国内的研究中主要是针对零部件的入厂物流模式与技术选用以及案例分析等方面进行分析，研究内容较为局限。相对于国内的研究，国外研究的内容较为丰富。不仅从物流模式与技术方面进行研究，更重要的是站在供应链管理的角度分析问题，从入厂物流的不同环节进行深入探讨。

1. 国内研究现状

中国的入厂物流模式在近 20 年来发生了很大的变化，也取得了飞跃发展，但到目前为止，大部分企业仍然难以实现供应链各环节的协同与资源整合。随着信息技术的大量运用，如大数据、人工智能等新技术运用于入厂物流环节，入厂物流模式也发生了新的变化。

理论研究方面，蒋啸冰（2007，2008）从物流主导方、物流需求方、具体入厂物流运作三个角度将入厂物流模式进行分类，并阐述了每个类别模式的具体内容与运作机理，并分析其适用性与优缺点；陈飞平（2010）概述了现行的几种典型的汽车入厂物流模式，并就目前比较流行的集配中心模式和集成模式的选择作了深入的研究，他的研究基于供应链协同的理念，探讨了在何种条件下应该选取何种入厂物流模式；陈海鸿（2012）从零部件入厂物流体系的角度出发，用实证研究方法归纳总结出中日两国零部件入厂物流体系的特点，并运用定性与定量相结合的方法深入对比分析两国的差异及其原因，探索构建我国汽车零部件入厂物流体系的有效途径。

实证研究方面，张晓玲（2017）通过研究一汽大众的入厂物流运作过程，提出了运用新型的 unify 模式来通过合理的安排和调度，在运输过程中选择最佳的路线，从而大大降低企业的入厂物流运输成本；王磊（2005，2015）对上海通用东岳汽车物流模式进行了分析介绍，指出其存在的问题，并对这些问题进行优化方案设计和定量成本计算，通过层次分析法对上海通用东岳汽车现有仓库进行了整合，另外在考虑到厂内库位面积规划、车辆装载率及交货频次等各种限制条件的情况下计算出仓库整合前后的车辆优化数并进行了优化方案前后的成本对比分析；郑忠（2015）以 A 物流企业计划发展 LLP 模式为研究背景，对新型模式 LLP 的利益分配问题研究，结合 A 企业的实际情况设计出一套 LLP 模式体系，包括网络体系、运作流程及信息系统架构，从而有效指导 A 企业实施 LLP 模式，实现物流降本增效。

另外，有些学者虽然没有深入研究，但是针对具体企业的入厂物流模式也做了详细的分析和论述。黄峻磊等（2018）较为全面地列举了汽车零部件入厂物流模式，并具体分析了国内优秀汽车制造企业东风本田的入厂物流现状、入厂物流管理效果及存在的问题，提出了相应的改进优化方案，最后总结了其对我国车企入厂物流优化的启示；马钧等（2014）对比研究德国大众与日本丰田这两大全球领先汽车企业的零部件入厂物流模式，希望两家公司的经验对中国汽车行业有一定的借鉴价值；杨雅斌（2017）研究上汽通用汽车主机厂，指出上海通用零部件的循环取货模式相对于国内其他主机厂的不同主要有库存管理、周转箱管理以及海运运输，并分析上海通用未来的发展方向。

2. 国外研究现状

国外的学者也从路径优化、供应链运作等多方面探索了入厂物流的研究，以下分成理论研究与实证研究来整理相关文献成果。

卓格（Droge，1998）等运用其建立的数值模型进行实例运算，探讨了 Milk-run 实际运行中各个变量对库存和运输成本关系曲线的影响；乔普拉（Chopra，2002）和迈因德尔（Meindl，2002）将物流供货系统分为直达供货（Direct-shipping）、循环取货（Milk-run）、交叉转运（Cross-docking）、混合供货（Tailored-network）系统；卡林（Karlin，2004）阐述丰田汽车的循环取货（Milk-run）和 3C 模型（Collection 集货、Cross-docking 交叉转运、Consolidation 合并运输）的精益入厂物流业务模型；巴恩斯（Barnes，2003）等系统地论述了 Supply-hub 是一种某些行业特别是电子行业所采用的降低成本、提高响应性的创新战略；斯莱顿（Slayton，2004）通过分析两种供应物流运输模式：从供应商集货使车辆由零担运输转为满载运输以及通过满载的方式将货物从供应商运到中转仓库，然后进行混合装载运输到整车厂，阐述了供应物流给运输管理系统（TMS）带来的巨大市场机会；霍尔韦格（Holweg，2003）与米姆齐克（Miemczyk，2003）对典型的零部件入厂物流模式进行阐述，并基于 MTO 生产模式，提出企业应采取的入厂物流战略；哈里森（Harrison，2001）提出的六种入厂物流模式分别是供应商送货模式、主机厂集货模式；3PL 模式、链式物流模式、供应商园区物流模式、组件（成套件）运输模式；法坎哈克（Facanhac，2005）认为将零部件入厂物流外包将有助于提高汽车供应链的水平，并对汽车制造企业入厂物流外包的可行性进行了分析。

实证研究方面，李岛玛（Lijima，2005）以丰田公司所采取的零件供应物流模式为主要研究对象，分析了丰田公司在物流管理和运作方面的创新之处，并就丰田公司在精益化生产下采取的供应物流模式进行了分析；卡恩（Karhn，2004）介绍了丰田汽车 Milk-run 和3C 模型的精益入厂物流模型。

综上所述，以上国内外文献对入厂物流模式的研究，不同的物流模式可以解决不同的物流问题，并且都取得了相应的效果，也指导了汽车产业的发展。由于我国自主品牌汽车正处于快速发展阶段，需要借鉴和学习不同的物流模式，在系统规划的前提下，将不同的物流模式有机结合起来应用将有助于国产自主品牌汽车的良性发展。

（二）入厂物流——循环取货（Milk-run）

1. 国内研究现状

李杨（2017）使用物流工程学、运筹学和计算机科学等方法，基于对约束条件的限制，通过改进的遗传算法建立数学模型，进一步探讨解决汽车零部件入厂物流循环取货车辆的路径问题。

蓝青松和徐广卿（2003）通过从 Milk-run 作业方式中建立具体的路线网络，及时调度安排车辆与司机等方面对上海通用的现有管理模式进行了分析和研究。庞宇和贺盛宇利用分析统计的方法来计算循环取货模式的受认可度，从而对上海通用汽车公司的 Milk-run 物流运作模式进行了案例分析，得到的结论是上海通用汽车的循环取货模式是一种高效的零部件入厂方式，值得在同类汽车企业中推广。

肖咸运（2013）运用层次分析法和模糊综合评价法建立了基于循环取货的汽车零部件入厂物流能力评价模型。以某 3PL 企业实施的循环取货为例，对其物流能力进行了评估分析。

周嫔（2010）针对循环取货在应用中的不足，从企业针对Milk-run 的供应商分类、为保证 Milk-run 正常运作的均衡生产计划、对应的物料包装和仓库对接管理等几个方面对其进行改善。该文涉及路径规划的部分仅仅阐述了 D 公司当前的几组路径选择方案和时间窗安排，对于路径规划的过程没有涉及。

林昀（2012）结合我国几个主机厂循环取货应用的实际案例，针对汽车制造企业中的远距离零部件供应商循环取货模式进行了实证研究，提出了一套为 S 公司量身定做的解决方案。该研究集中于对 S 公司循环取货实施过程中各个环节的实际操作过程进行规划，但对于循环取货路径规划部分涉及很少，只用最简单的 VRP（车辆路径模型）给出通用的求解方法，并没有根据所研究汽车企业的实际情况对模型作出修改。

2. 国外研究现状

杜泰蒙（Timon Du，2007）主要研究了实时车辆配送系统的参数设置，通过调整主参数组合形成多个实验案例，初始调度模块使用了 Best Fit 算法，内部路径改善模块使用了 2 - Exchange 算法。他们的这项研究虽以循环取货作为出发点，但建议的改善算法对于汽车零部件的入厂物流循环取货的针对性较差。

景秀华（Keng Hoo Chuah，2005）和乔纳斯（JonC. Yingling，2005）在论文中建立了关于循环取货 JIT 供货系统的数值理论模型，该模型能够帮助企业计算出对应的库存成本关系曲线，并得到企业在循环取货过程中的最优库存点。利用建立的模型，研究者进行了实际案例的分析计算，通过调整变量组合实现不同的案例分析，进而得到各变量对库存成本关系曲线的影响。

景秀华（2006）就 JIT 供货系统中的供应链问题、物流问题以及生产控制问题进行了深入分析研究，并为该供货系统设计建立了一个称为 GFR 问题的循环取货路径规划模型，其模型基础是带有时间窗的车辆路径问题，并在此基础上增添多个约束条件，并利用禁忌搜索算法来求解模型。

奥尔曼（Ohlmann，2008）采用两阶段算法，对在精益生产系统中的 GFR 问题进行优化，并对相关路径优化及调度进行了分析研究。并利用嵌套式禁忌搜索启发式算法，在后续阶段利用二元整数规范的方法来设定相关供应商的访问时间。而计算结果也间接证明了该方法的可行性。

路易斯（Luiz，2000）在论文中针对以往"拉式"生产系统的弊端进行了分析，并介绍了循环取货的原理以及在德国奔驰公司的实际应用情况。该文对于循环取货的原理有非常清晰的阐述，并且提出了路径规划对于循环取货成功开展的重要性，但是对于路径规划的具体操作方法没有涉及。

国内外学者针对循环取货这个环节的研究成果比较多，有理论研究也有实证研究，研究成果对汽车产业循环取货实践产生了较大的指导价值，但是循环取货只是汽车入厂物流中的一个环节，独立的环节最优不一定能保证全局最优，从目前的文献和研究来看，将循环取货放在入厂物流系统的角度进行整体考虑的研究比较少。本书的研究背景是在保证入厂物流系统整体最优的前提下，以工位编组的投料队列为核心思想，对取货供应商进行分组和取货线路设计，并通过 VMI + Milk-run 的混合物流模式，工位零件在取货时实现编组,不能在取货环节实现编组的零件在物料操控区进行少量的二次编组,实现"所取即所需,到货即可投"的设计目标,并按照集成优化思想,设计并建立数学模型进行车辆路径－库容和投料进行集成优化。

(三) 入厂物流——仓储管理和优化

仓储环节是汽车供应链特别是零部件入厂物流的关键环节,一直以来都是国内外学者重点研究的领域之一。

1. 国内研究现状

仓储管理作为衔接传统行业和现代物流行业最为密切的枢纽,一直以来都是极具发展潜力的产业。在我国仓储管理中不合理的方面主要表现在,仓库容量利用率低、对仓储空间设计规划不到位导致资源浪费、自动化设备运用不到位、库存重复设置等。为了解决这一系列的问题,国内学者对于仓储管理的研究是从仓储布局、库存管理、作业流程、仓储管理效果评价等几个方面来进行研究。

仓储布局管理方面,张强和黎建强等(2006)提出基于遗传算法迭代的启发式算法,分析仓库布局问题,在此基础上黎建强和余英姿等提出用两阶段代送算法,以搬运成本最小化为约束分析纸卷盘仓库布局问题;李阳探讨了模糊随机环境下,不同类型材料共同存储条件下的总运输成本最小化问题,在假设同类产品邻近存储的基础,构建预期价值模型,以混合智能算法解决仓库布局问题;张强和余英姿等(2006)提出采用模糊期望值模型及蚁群系统,分析受邻近和其他制约因素影响条件下的最小运输成本布局问题，以解决邻近的模糊多级仓库布局问题；黎浩东和何世伟等（2008）通过讨论随机条件下仓库布局问题，建立了随机仓库布局问题机会约束规划模型，并设计出基于随机模拟的禁忌搜索算法求解模型，最后利用算例对算法有效性进行验证。

库存管理方面，孟昆（2012）的研究涵盖精益库存管理和精益物料配送两部分，提出基于精益仓储思想的物料配送方案，拟定标准物料配送流程；丁斌和孙连禄（2013）在国内外学者对库存分类研究的基础上提出了一个多准则下的 ABC 法分类库存模型，并证明了此方法在库存分类方面能更好地为企业管理者提供决策依据；李晋等（2006）应用两阶段分类法，同时融入联合库存管理思想，对我国 4S 店模式下汽车服务零部件的库存进行了改善；黄培清和揭晖（1998）提出了加强供应链各成员间信息传递的有效性、建立供应链性能度量等；刘永胜（2004）从需求预测、经济订货批量等方面阐述了供应链库存管理的因素，并提出了合理选择供应商、采用 JIT 生产方式的措施。

仓储作业流程方面，卫依煌等（2007）从定性和定量分析的角度，提出了仓储管理的"六阶段"法概念，从愿景与目标的建立、流程的分析、流程再造创新、新流程的评估、新流程的选择、变革和执行阶段循环重复进行持续改进；刘金花等（2012）利用 DMAIC 法对仓储作业流程改进优化提出了 5 阶段模型，分别是定义、测量、分析、改进、控制五个阶段，分析了作业流程中出现的冗余问题，以消除流程中的过程缺陷和无增值活动；王婧等（2014）提出利用 EIQ – ABC 分析法来解决仓库库位安排不合理及其导致的拣货作业效率低的问题。

仓储管理效果方面，王洋等（2010）提出，在市场经济中，必须发展第三方仓储物流，才能促进企业物流活动的高效化、效能化，也是推动整个社会物流合理化的重要途径；任云晖等（2007）利用仓储管理的信息化模式，保证仓储统计数据的实时性、准确性，利用信息化提高物资管理工作的效率；陈翠琴（2008）、王爱虎（1997）等认为，信息化是提高仓储管理效果的一个重要手段，通过信息化对库存物资入库、盘点、出库等操作的全流程控制与管理。

2. 国外研究现状

国外学者在仓储管理研究方面较为成熟，其主要内容集中在仓库布局优化、仓储作业流程优化、仓储管理系统等几个方面。

在仓储作业流程优化方面，纽金（Nugent，1968）等从仓储布局对较少物流搬运成本的角度出发，解决传统仓库中成品区、在制品区等不同区域布局划分问题。尼克拉森（NickLarson，1995）等研究了产品存储策略的问题，主要研究了货架布局及选址的影响，成功地利用旅行商算法解决货架布局问题；同时尼克拉森（1997）等又在之前研究的基础上，以库房空间利用率、作业响应速度、检索频次和存货水平等作为研究指标，用启发式算法研究了分级存储策略。罗纳德（Ronald，2006）等针对仓库内存货的位置会影响仓库内物资移动成本的问题，以及影响总物料搬运成本的问题，提出了搬运成本与仓库利用率间的平衡问题，指出在仓库设计时，应首先考虑仓库内部的存储空间划分和拣货、搬运方便性问题以降低搬运成本。

仓储作业流程优化方面，彼得·芬加尔（Peter Fingar，2001）

等认为现代仓储管理应以流程管理为核心，提出了优化仓库管理组织架构、管理流程高效化、面向客户而非管理者的新型流程管理体制优化措施。迈克尔·汉默（Michael Hanmer，1990）提出了新的管理理念——BRP（业务流程再造）的概念。

仓储管理系统方面，凯文（Kevin R. Gue，2009）指出在供应链活动中，仓储系统的引入可以实时监控库存，再结合精益物流操作管理，离实现零库存更进一步。

罗德伯根（Roodbergen，2008）等以叉车等运输工具使路程最小化为约束，分析越库中入场物品在临时缓冲区的布局问题；卡利亚诺（Cagliano，2011）将系统动力学（SD）模型方法应用于配送中心的仓库操作过程。曼齐尼（Manzini，2012）应用前沿知识，客观分析比较了计算模型的旅行时间模型与仿真模型的自动化仓储传输仿真模型。弗朗西斯科·巴利斯汀（Francisco Ballestin，2013）的主要贡献是应用无线射频识别技术（RFID）解决了执行订单的拥堵问题，实现了自动化手段调度作业的目的。科赫（Koch）基于将仓库的总长度最小，引入分组遗传算法与本地搜索结合，该算法与遗传算法具有标准的面向项目的编码方案。

以上关于仓储管理的研究都是针对仓储系统内部的优化，而在仓储布局和流程优化过程中，考虑总装车间生产线的工位物料需求特点，并将物料操控区布局和存储规划与生产线的工位投料编组特点联系起来，研究如何为生产线工位高效供应编组零件的研究文献非常少见。本书在以上文献研究的基础上，结合 JIT 物流配送模式下，物料快进快出的显著特点，提出了一种以工位编组驱动的入厂物流模式，通过前端的取货环节实现的"所取即所需"的基础上，在物料操控区通过工位编组投料的需求来设计物料操控区的功能，将循环取货环节已编组的投料零件进行立即投料上线，对于需要在物料操控区进行二次编组的零件实现快速编组，达成"到货即可投"的目标。

（四）入厂物流——物流配送

物流配送问题的研究主要集中在不同类型的模型研究和算法研究。物流配送模型主要有：库存运输整合优化（inventory-transportation integrated optimization，ITIO）、库存路径问题（inventory routing problem，IRP）、车辆调度/路径问题（vehicle scheduling/routing problem，VSP/VRP）；算法主要有精确算法和启发式算法。

1. 国内研究现状

国内学者对物流配送问题研究最多的是车辆调度和车辆路径问题（VSP/VRP），车辆调度和车辆路径问题是指对一系列发货点或收货点，组织适当的行车路线，使车辆有序地通过它们，在满足一定的约束条件（如交发货时间、发送量、时间限制、行驶里程限制、车辆容量限制等）下，达到一定的目标（如成本最低、使用车辆最少、时间最短、路程最短等）。

库存与运输整合优化方面主要研究这样一类问题：在同时考虑库存与运输相互博弈的基础上，如何协调组织物流活动，以有效控制物流系统的总成本。王旭、施朝春等（2011）研究了汽车零部件库存运输整合优化问题，建立了上层库存成本最小、下层配送成本最小的博弈双层规划模型。雷邦军（2009）详细研究了库存与运输整合优化问题，建立了基于模糊环境下考虑一对多的二级供应链系统的库存与运输整合优化模型，并验证了整合优化后的系统比单独考虑这两个环节的物流系统成本更低，效率更高。蒋丽等（2011）研究了从物料存储和配送角度优化制造业总装车间的物料配送问题，并提出了一种"以工位为中心"的总装车间物料配送模式，将制造业总装车间的库存和投料进行整合研究，解决准时生产配送模式下拣货效率低、配送成本高的问题，从而优化制造业总装车间生产物流配送。

库存路径问题，即一对多配送问题，主要研究的是：在供应商管理库存（VMI）的策略下，在较长的计划期内，由一个供货商向多个客户提供补货配送服务，在这一过程中需要确定对客户补充库存的数量、时间以及车辆的行驶路径，在满足一定的约束条件下，使物流配送系统的总成本最小或者总收益最大。刘立辉等（2009）对库存路径问题进行了全面研究，研究了库存路径问题的三种策略，总结了国内外库存路径问题的模型和求解算法，并指出了其存在的问题和以后的研究方向。傅成红等（2010）研究了随机环境下的两级系统多周期库存路径优化问题，在其一篇综述性的文章中也指出了目前库存路径问题的求解算法已经比较充足，继续研究应该把重点放在拓展 IRP 问题本身，并指出了IRP 的几种发展趋势：扩展拓扑结构、多产品 IRP、有时间窗约束、实时信息 IRP、取送作业结合。

国内对物流配送优化问题模型求解算法的研究成果有：陈建军等（2011）采用蚁群算法求解了物流配送路径优化问题；陈诚等（2010）采用遗传算法及其改进的算法求解了物流配送路径

（或者成本）优化问题。这些文献大多只研究了一个或者多个配送中心在单个周期内向多个客户进行配送的情况，只是配送路径或者运输成本的最优化，没有涉及库存成本，实际应用范围有限。

2. 国外研究现状

国外对库存与运输整合优化问题（ITIO）的研究较早，所取得的研究成果也比较多。伯恩斯（Burns，1985）是较早研究库存与运输整合优化问题（ITIO）的学者之一，他研究了运输成本与库存成本分别最小化的配送策略，建立了类似于 EOQ 的模型，采用统计数据求解简化问题，也适用于大规模物流系统问题。钱德拉（Chandra，1994）和费希尔（Fisher，1994）建立了单品一对多的库存与运输整合优化的配送模型，并分析得出了库存与运输整合优化比单独优化成本更优，但是没有对所建的模型进行求解。维斯瓦纳坦（Viswanathan，1997）和马瑟（Mathur，1997）采用启发式算法求解了一对多的配送优化问题，使库存和运输总成本最小。

库存路径问题（IRP）也是研究库存与运输集成优化的问题，与 ITIO 所要解决的问题是相同的，解决以下三个问题：车辆路径如何安排，使路径最小化；车辆如何装载，使得配送效率最高；以何种频次配送/取货才使库存最优化，并满足客户的需求。但 ITIO 和 IRP 问题的限制条件不一样，研究范围也不一样。国外学者对库存路径问题（IRP）的研究主要有：阿盖扎夫（Aghezzaf，2006）等研究了客户需求固定的单车多行程 IRP；珍妮弗·斯泰西（Jennify Stacey，2007）建立了取货路径库存成本与运输成本最低的目标函数，设计兼顾线路规划与库存的算法，且允许运输过程的物料集并，最终通过求解验证了算法的有效性；尹俊敏通过研究循环取货系统的规划，先根据供应商地理位置分布，再将供应商分为几大类，以确定循环取货片区与路线，并对取货车型及数量进行设计，最后把该问题归为时间安排和路径分配的问题、车辆装载与调度问题，并建模和求解。

车辆调度/路径优化问题（VSP/VRP）作为物流配送优化问题中的一个重要研究点，受到了国外研究学者的关注。莱利特（Rilett，2001）等同时考虑成员不稳定性和脆弱性因素，改进传统车辆调度模型，通过对模糊逻辑关系网络的建立来解决车辆路径优化问题。瓦拉克塔拉基斯（Vairaktarakis，2007）比较循环取货和直送式模式的利弊后，建立运输任务调度与配送整合模型，并对模型求解仿真验证模型的有效性。

国外对物流配送优化问题模型求解算法的研究成果有：霍兰（Holland，1975）教授借鉴生物界自然选择和自然遗传机制的随机化搜索方法提出了遗传算法，为求解物流配送路径优化问题提供了新的工具。由于遗传算法采用随机选择，对搜索空间无特殊要求，具有运算简单、收敛速度快等优点，遗传算法已广泛用于求解物流配送优化问题。唐加亚（Thangiah，1993）和温赖特（Wainwright，1993）等用遗传算法对基于时间窗的车辆路径优化问题（VRPTW）进行了求解。贝克尔（Baker）等对不确定车辆数的 VRPTW 用改进的遗传算法求解。

综述国内外研究现状，以上关于物流配送问题的文献研究都集中在取货环节的优化、库存运输整合优化、库存路径问题和车辆调度/路径问题求解以及算法改进，虽然也有文献研究了从主机厂厂内零部件库房到总装工位的整合研究，但是没有文献对零部件从供应商出厂到主机厂总装线工位全过程的物流集成研究。本书通过入厂物流整体模式设计，采用工位编组驱动的思想，对入厂物流的三个主要环节进行系统优化和集成。

（五）入厂物流新技术

1. 国内研究现状

APS 理论。APS（advanced planning and scheduling），即先进计划与排程，是以约束理论以及供应链管理理论为基础，借助相应的模拟技术和数学模型对物流过程进行优化。刘向东阐述应用范围越来越广的 APS 与项目管理、供应链管理更加紧密结合，体现它的个性化与集成化。

（1）信息技术。在大数据时代，借助数据库、监控系统和管理系统等信息技术可实现数据共享，提高入厂物流的效率。现代信息技术包括四类：数据存储技术、数据处理技术、数据传输技术和射频识别技术（RFID）。宋赫（2018）认为 EDI 数据传输方式已经基本取代传统数据传输方式，但是会出现企业内部数据不能及时传输给第三方企业的问题，无法充分实现数据共享。焦宏光（2018）认为应逐步提高入厂物流的信息技术水平，使用车辆监控系统（GPS、RFID 等）、企业资源管理系统（SAP、ERP等）、客户反应系统（ECR）、无线通信和数据库技术等。基于以上研究，张庆华、陈国权研究了一种用于进出库货物识别的 RFID 应用系统，基于 Java 语言，开发了低层次的通信功能，实现了计算机与 RFID 阅读器的通信。凌云（2009）阐述了在 RFID 相关技术与仓库管理系统相结合后，在 WMS 使用中带来的益处。陈新河（2005）在技术发展综述中介绍了国内外技术发展现状、存在的问题，同时对国内发展提出了建议。

（2）仓库规划技术。仓库功能区布局方法有摆样法、数学模型法、图解法和系统布置设计四种方法。近年来，在仓库货物储存规划方法方面也有了很多新的研究，研究主要包括仓储区内部区域布局、储存空间布局、货位管理规划。

2. 国外研究现状

（1）信息技术。克里斯托夫坎德尔（Christof Kandel, 2011）等提出了一种在生产网络中使用基于 GPS（全球定位系统）技术的连续跟踪系统的方法，并以实例研究 GPS 识别在入厂物流过程中的延迟情况，最后得出其对最后一公里的影响较大。博托里尼马可（Bortolini Marco, 2012）结合实时定位系统（Real-time location systems, RTLSs）和超宽带（UWB）技术，有效跟踪人和物体位置和运动，实现货物运输过程的可追溯性，以意大利汽车行业的某一公司为案例，详细研究 HW/SW 特征，提高了入站物流性能。

（2）库存路径技术。对于库存路径问题，较早研究库存路线问题的费德格鲁恩（Federgruen, 1984）和齐普金（Zipkin, 1984）建立了广义 Benders 分解方法的非线性整数程序。主要用于确定库存和短缺成本以及考虑每个车辆的旅行商问题（TSP）产生的运输成本。基恩（Chien, 1989）是最早根据单周期方法模拟多周期规划模型的人之一，其使用拉格朗日双上升方法对整数程序进行建模，将可用的有限库存分配给客户，客户分配车辆分配以及车辆的路线。贝尔塔齐（Bertazzi, 2002）等提出了一种两阶段启发式算法，其中第一阶段侧重于路径构建算法，而第二阶段则尝试改进现有解决方案。

综上所述，以上入厂物流三个主要物流环节的文献，大都针对入厂物流的单个环节进行研究和优化，部分文献对运输和库存两个环节，或者主机厂内库存与配送两个环节进行了整合优化，但是没有文献对零部件从供应商出厂到主机厂全过程的物流环节进行集成优化。本书研究的是生产线装配工位之前三个主要的入厂物流环节的集成优化，即主机厂的一级供应商到主机厂生产线工位三大物流环节的集成优化，设计了多种物流模式混合的物流模式，采用工位编组驱动思想将投料环节、主机厂内的物料操控区环节和循环取货环节有机地整合成一个系统，以"所取即所需，到货即可投"为总体目标对入厂物流进行集成优化。

第二节　汽车零部件生产系统简述

汽车零部件物流是汽车生产系统的起始环节，也是汽车物流中最为复杂、核心的环节，本节通过全面了解汽车的生产系统，将零部件物流放到汽车生产系统和整个供应链的视角进行分析和研究，从而进一步理解汽车零部件物流及入厂物流。

一、整车厂生产系统构成

整个生产系统由冲压、焊装、涂装和总装四大生产工艺车间构成。前三个工艺完成车身部分，最后在总装车间进行车身和零部件的装配，形成整车。而整车的生产计划，本质上就是拉动汽车零部件的生产。如果任何一个工位出现零部件短缺现象，操作员就只能停止整条生产线等待所需的零部件到达，导致整个生产计划无法按时完成。

（一）冲压车间

汽车冲压是指通过安装在冲压压力机上的工装模具对汽车冲压板材施加冲压压力，使板材产生分离或塑性变形，从而在过程中获得形状多样结构各异的汽车冲压零部件。冲压车间是一个重要的生产线，它负责将各种金属零件进行冲压成型，然后送往焊装车间进行焊接。该工艺流程包括：原材料（板料和卷料）入库、开卷线、大件清洗涂油、小件开卷剪切、冲压生产线、安装模具调试首件合格、投入批量生产、合格件防锈、最终入库，典型的冲压车间流程，如图1-6所示。

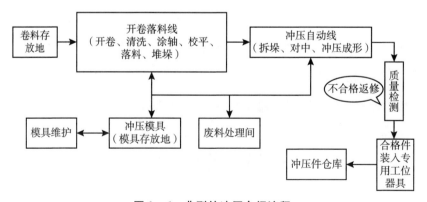

图1-6　典型的冲压车间流程

随着新能源汽车续航里程以及轻量化设计的要求,车身的选材逐步从传统的普冷钢、高强钢、热成型钢向轻质铝合金、镁合金、非金属复合材质、碳纤维等材质发生演变,受综合投资、生产加工成本、质量等约束,目前行业中逐步出现了钢铝混合的车身,甚至全铝车身。

冷冲压模具是一种专门用于生产特殊零件(或者通常是各种半成品)的冲压工装,它通过冷机械加工来实现对金属材料的精确压制。模具本身应该具有一模一样的特殊性。

根据模具制造工艺的特性要求,可将模具划分为冲裁模、弯曲模、拉伸模、成形模、包边模等;根据工序和模具组合的程度可以细分为单工序模、复合模、级进模等;按照材料和模具的形状和材质可以细分为钢板模和铸造模等。

在冲压生产过程中对模具及板料施加压力的重要来源是冲压压力机,在冲压的三要素中起着重要的作用。按照压力的驱动方式,冲压机(冲压式压力机)一般可以分为机械驱动和油压驱动,机械驱动通常是通过机械轴承、齿轮进行压力的传递,节拍相对较快,一般能达到SPM10 - 15,但是机械压机的生产制造成本比较高,生产制造及安装调试周期也比较长,往往适合高速、大批量的生产方式。油压驱动往往是通过液压缸进行压力传递,相对机械压机来说油压机造价低,一般同吨位的油压机只有机械压机造价的1/3,同时生产制造及安装调试的周期会比机械压机少4个月,但油压机的生产节拍相对较低,行业中一般只能达到SPM3 - 5,且同吨位油压机的生产能耗比机械压机要大,适合产量相对较低,较为传统的生产模式。但从冲压件的生产质量进行分析对比，结合两种压机的生产曲线来看，油压机更有利于冲压的拉延成型质量。

冲压车间由以下几部分组成：

（1）生产模块：原材料存放区、冲压工段、返修区、冲压件库等。

（2）辅助模块：模具存放区、模具维修区、模具清洗区、检具存放区、样件库、端拾器存放区、废料间、设备维保、公用动力等。

（3）管理模块：车间办公室、技术科、材料备件仓库等。

（4）生活服务设施：更衣室、卫生间、开水间等。

（5）生产部分：包括原材料储存区、冲压部分、返修区和冲压零部件库。

（6）管理部门包括：车间办公室、技术部门、材料储备库等。

（7）生活服务设施：更衣室、卫生间、开水间等。

（二）焊装车间

在焊装车间，车身两边的侧围、车身的前后围以及车身底板等几大总成首先在这里进行总拼，然后送到定位焊接处进行焊接。最后来到四门两盖焊接区域，在这里完成车门、发动机盖和行李箱盖的焊接。至此，一部轿车已基本成型，接下来将被送到车身缓冲存放区域，准备进入下一道涂装工艺，如图1-7所示。

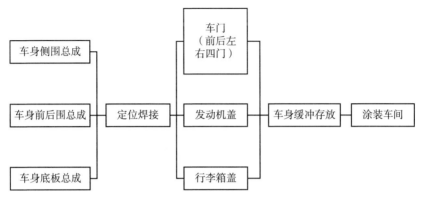

图 1－7　焊装车间工艺流程

工艺介绍如下：

点焊，它是在局部区域，通过两个电极的压力和电流所产生的热量，将两个或两个以上的板件连接起来的一种焊接方法。点焊采用的是电阻加热，它是在板材上流过一个大的电流时，使板材表面产生一个大的电阻加热。

MAG 焊（混合气体保护焊），它是一种用氧化性气体作为保护气（二氧化碳：氩气＝2∶8）的一种焊接方法。通过使用高能量的电流，可以使金属和焊条之间形成一种特殊的结合，从而达到高效的焊接效果。

夹具，在生产过程中，我们需要采用加工精确的夹具，并在夹具上安装感应装置，以保证零件放置位置的精度和产品的精度。夹具由定位销、压持板、定位座、汽缸、气压阀、底座、支撑块、电磁阀开关构成。

搬运设备是一种专门用于搬运笨重的零部件、组件和车身的设备，它们可以根据不同的工序的要求进行调整，以满足特定的需求。

（三）涂装车间

车身在涂装车间经过一系列工序，包括：清洗车身、电泳、喷漆、上色等。首先，需要将车身钢板从储藏区取出，并擦除表层的防腐油以及冲压成型时的拉延油，然后进入电泳；随后车身被烘干，进入中涂和烘干、面漆和烘干等工序完成涂装，准备进入总装车间，如图1-8所示。

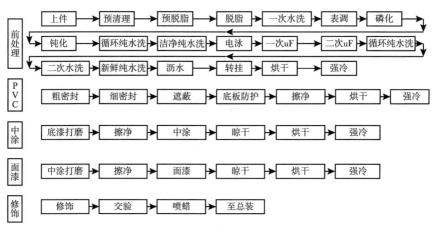

图1-8 涂装车间工艺流程

涂装技术可以大幅提升产品的防护性能，包括抗腐蚀、防潮、防水等；同时，它还能改善产品的外观、色泽和光泽，并赋予物体一些特殊的功能，如防止生锈、耐高温、反射光线和热量，以及阻止电流的传输。

（四）总装车间

总装车间是生产的最后一个车间，该车间分为三条流水线，分别是动力总成与底盘合装线、内饰装配线和合装好的动力总成、底盘与车身的合装线。通过对各个零部件进行组装，最终可以制造出一辆完整的汽车。

车身在涂装车间完成涂装后，被运送到总装线。总装线上采用雪橇式的板链，使车身可以与总装线同步移动，并逐一通过总装线上的各个工序。从第一道工序开始，工作人员根据要求对每辆车进行不同部位的安装，如电器线束、仪表板、空调、转向管柱、动力总成、前后车灯、保险杠、轮胎等，并加注转向液、防冻液、制动液、汽油等。随后，车辆进入调试生产线，对变速箱控制器、发动机控制器等进行调试，并将监控数据自动储存。经过调试，车辆就可以开动了。接下来，车辆进入整车测试区域，进行车轮定位、灯光调整、转鼓试验、道路测试、雨淋试验等一系列测试工序。最后，车辆被清洗烘干并进行最后的检验，一辆新车便可以下线，如图1-9所示。

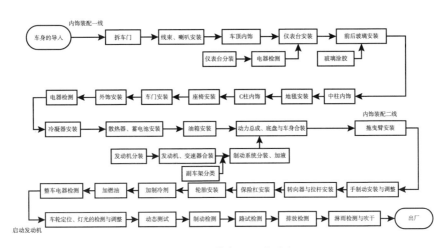

图1-9 总装车间工艺流程

现阶段，总装工艺技术受到市场、技术等因素的影响，对生产效率产生积极影响。接下来将从模块化、自动化、柔性化及智能化四方面来介绍汽车总装工艺技术。

1. 模块化总装工艺技术

在现代化背景下，模块化生产有两大部分，一是模块化的数字控制，它以数字方式控制各模块，将其他分支区域整合，进一步实现汽车各部件的数字化控制。二是模块化产品结构，其中以底盘为主要特点，是目前最典型组装技术，采用柔性定位尾可以在一定程度上满足多种动力模块的组装需求，而且更适合于汽车底盘的自动组装。在组装底盘时，需要将排气管、油箱和燃料管道都安排好，以便更好地控制工作，另外仪表板模块化以及其他模块化的技术应用也在逐渐提升，在某种程度上促进了汽车制造和销售的发展。模块化制造使汽车总装企业可以更标准化地处理各种型号零部件，并根据不同型号零件进行标准化总装，同时还可以采用其他创新技术。模块化制造有助于缩短工位线，在提高组装效率同时，降低劳动力消耗，提高总装线的灵活性，从而进一步实现整车交付速度加快，以及对新产品生产成本的科学控制，使其组合更容易进行调节，是实现总装生产过程中的一种必然选择。

2. 自动化总装工艺技术

人工成本增加，产品更新速度快，汽车生产周期长，汽车总装自动化的要求越来越高，采用自动化的汽车总装，可以有效地降低人力、物力和其他资源的投入；而且可以在某种程度上保证总装的稳定性，保证汽车产品的品质。在进行前、后挡风玻璃和全景天窗的涂胶工作时，可以使用机械手代替人工，而自动机械手则可以更稳定进行黏合，从而达到更好效果，不易出错，不会使胶水长期处于曝露状态，保证了汽车玻璃孔隙的密封性，有效缩短工作时间，提高工作效率。目前，在汽车轮胎总装过程中，还强化了自动分装系统，将轮胎输送到指定地点后，再通过自动分装系统进行总装，判断出不同的轮胎大小，并对其进行安装和检验。该系统具有很好的自动化性能，在汽车总装过程中可以有效地降低人员的消耗，降低车辆制造成本和检测费用。在自动化背景下，汽车总装过程中很多人工环节已经逐渐被自动化程度高的机械臂所替代，而随着自动化程度的提高，造成的错误也就越来越小。自动化技术可以保证零件的精确组装，保证零件的稳定性，从而降低生产成本。

3. 柔性化总装工艺技术

在总装生产中，由于总装车间内各种设备之间的人机协作不够紧密，所以必须对其进行改进和更新。设计师们必须要亲自去现场检查，确定问题所在，然后根据模具的灵活性，进行设备升级，从而提高人机之间配合度。同时，设计者还必须在车身悬挂设备上进行改进。总装人员在总装车辆底盘时，要钻入车底进行作业，但由于车底狭窄，操作难度大。因此，必须改变车体悬挂装置，使其高度可以自行调整，或调整车体转向模式，使总装工人的操作更方便，而且还可以通过人工的方式保护工人的安全。因为零件总装的位置不同，总装工人在总装的时候会遇到车身的悬架和总装工人的不匹配，这个时候总装工人就必须改变自己的姿态，以适应车身的总装，这对总装工人的危险性很大。有可能造成总装工人的人身伤害。所以，设计者可以在设计时，将车架设计为便于调整的形状，以便在悬挂时根据特定需求进行调整；位置不合适的问题也可以解决，总装人员的生命安全也会得到保障，机身受损的问题也会迎刃而解，对组装工作的顺利进行有着诸多裨益。总装工人还可以使用坐姿机械臂，使其能够在正常姿态下完成总装。

随着我国汽车工业向多品种混合生产发展，产品品种越来越多，储存空间越来越少，从而对生产线的柔性发展产生了不利的影响，也会为企业的物流效率带来一定负面影响。目前，解决这一问题的最有效途径就是采用 SPS 物流技术在汽车总装过程中的应用，这种方法主要是通过单一数量的形式将各类材料输送到汽车流水线上。在此基础上，将分拣与总装过程有机地分开，使自动化总装的模块化、专业化特点更为突出，减轻了工作人员的工作压力，并可以有效降低总装线上的漏装问题，提高总装质量。此外，在汽车总装业中，采用车辆投料方式，对物料的摆放空间进行特定限制，采用了自动化方法代替手工物流，而这也是目前我国汽车工业发展的重要手段。

4. 智能化总装工艺技术

汽车总装工艺中通常使用电动拧紧装备来拧紧力矩，近年来汽车行业精准度的追求逐渐上升，自动化水平也得到显著提升，因此电动拧紧装备的应用技术也得到创新。汽车总装厂家在以前的生产过程中选择扭矩法进行拧紧，现代化背景下其使用更多的是扭矩加转角或者屈服强度的办法，现代化的方法主要是从控制力矩间接控制拧紧质量转变成为直接控制预紧力，这样能够使生产组装运用变得更加方便有效。装配车间逐步提升对智能数据化互联网系统的应用，其中力矩数据化系统可以实现对力矩拧紧装备的科学监控，并且将检测得到的数据进行储存处理以后，对数据信息进行全面研究和整理，这样有助于智能统计过程控制系统的实施，力矩拧紧装置控制系统也将变得更加智能化。

二、生产排序计划

从亨利·福特时代起，汽车制造商便开始采用传动装置，未完成的汽车按照特定的路线在不同的工作中心之间流转，以满足不同的需求，其运作流程大致如下：

（1）生产部门按照计划部门的指示，定期从订单库中提取订单。这些生产订单通常是"一车一单"的形式。当生产部门收到生产订单时，他们会根据"一车一单"中的顺序来确定它们的优先级。然而，由于"静态排序"中没有考虑到实际的生产情况，因此这一过程也被称为"静态排序"。

（2）根据已经排序的订单进行生产安排，这一过程被称为调度（scheduling）。

（3）在生产过程中，生产部门会检查车辆的生产状态，并根据实际要求采用特定的方法，调整生产订单的执行次序。这个过程被称为"动态排序"。

生产排序计划是整车生产计划的核心。生产排序对于新车的交付时间、生产线的运转效率以及零部件的采购时机都至关重要，因此，生产排序计划的制订和执行是整车生产过程中最为关键的环节。只有通过合理的生产排序计划，才能有效地提高生产线的效率，减少零部件的浪费，以及保证新车的按时交付。

（一）理想的生产排序就是销售顺序

在理想的情况下，生产应按照与各种产品的销售速度同步进行。换一个角度，也就是按照与各种产品的销售次序相同的顺序进行生产。这种由销售决定生产的方式符合拉动生产的基本原则，即后工序在必需的时候，只按照必需的数量到前工序去领取所必需的物品。

尽管把销售作为主要驱动因素可能有一定效率，但这种做法可能无法达到期望的效益。因此，在实际操作时，我们还要考虑其他因素，如技术、资源、管理、人才等，这些因素都可能影响企业的效率。因此，我们在实际操作时，要考虑各个因素，才能达到期望的效益。为了确保生产的稳定性，我们必须尽可能地抑制市场的变化，无论是在内部的流程中，还是在与客户的交易中，都应该尽可能地保持零部件的平等分发，从而降低客户在装配过程中的订单变化。

因此，在这里存在一个棘手的问题：销售的变化与生产的平衡之间的矛盾。如何解决这一问题，正是汽车生产计划的艺术所在。

（二）均衡生产是生产排序的基本原则

1. 总量均衡

生产的均衡化，通过最终装配线每天遵循的循环时间（即能销售一辆车的时间间隔），以均衡的数量制造各种产品，可以控制产品流量的波动尽可能地减小。实现生产均衡化是利用看板的生产方式以及将劳动力和设备的空闲时间和在制品库存降至最低的前提条件。因此，生产均衡化对于提高生产效率和降低成本具有重要的基础作用。

尽管汽车需求的变化很大，导致每月的生产量变化无法避免，但是，通过制订月度生产计划，我们仍然可以有效地抑制每天的生产量变化。比如，在制订车型 A 的月生产计划时，首先按照该月的预测需求制订该月的生产数量计划，然后除以该月的劳动天数就得出了每天的生产辆数，这就是总量的均衡。

然而，由于市场需求的波动性较明显，有时候，上半年的需求量比较高，而下半年的需求却较低。因此，若要维持当前的供给水平，必须采取措施，以避免出现过度的库存积压，从而导致资源的过度消耗。在实施"总量均衡"时，总是希望尽量制订短期的以市场预测的需求量为依据的基本生产计划。例如，与月度计划相比，希望采用半个月的计划甚至周计划。当然，如果时间跨度太短，"总量均衡"最终就变成了销售顺序，这个概念就没有意义了。

通过实施生产总量均衡，我们能够有效地避免资源的浪费。生产过程中出现的波动，是因为工厂的设备、人员、库存和其他各种必要的生产要素所导致的，这些因素必须要根据满足产量的高峰期来进行分配，这就导致了在生产减量时，在生产人员、库存等方面都会出现浪费。另外，因终端产品未实现总量平衡，在拉式生产模式下，前端工序或供货商为确保后续工序（特别是高峰时段）的正常生产，往往会出现人员、设备、库存等方面的严重损耗。

2. 按品种的数量均衡

"按品种的数量均衡" 源自 "总量均衡"，旨在通过保持每个产品在一天内能够保持稳定，以确保每个产品在制造过程中能够得到足够多的原材料和配件。假设某总装线的生产日历为每天2班，1班8小时，1个月20个工作日，月生产能力为16800辆，其中车型A为9600辆，B为4800辆，C为2400辆。如果总装线只考虑自己的效率，第一天生产车型A，第二天生产车型B，第三天生产车型C，总装线自己的效率虽然得到了保证，但是生产车型A的零部件的工序，可能就会今天有事干，但是明天和后天就没事干了，波动还是太大。所以，有必要实行 "按品种的数量均衡"，平均到每天的数量就是：9600/20 = 480，4800/20 = 240，2400/20 = 120，即每天应该生产车型A为480辆，车型B和C分别为240辆和120辆，如表1–1所示，这就是各种车型平均每天生产辆数上的均衡化。

表1–1　　　　　　　　按品种的数量均衡和节拍时间

车型	月产量	班产量	节拍
A	9600辆	240	2分 = 480分/240辆
B	4800辆	120	4分 = 480分/120辆
C	2400辆	60	8分 = 480分/60辆
总计	16800辆/月	420辆/班	1.14分钟 = 480分/420辆

采用流水线生产的方式，使每种产品都要用全部车种的平均节拍时间来制造，因此，均衡生产的基本意义就是，在当月里，用与各种车型的平均销售速度（例如A品每2分钟能卖出去一辆，B品每4分钟能卖出去一辆）同步的速度生产每一件产品。

然而，均衡生产也包含其他含义。由于同一条装配线上流转的汽车之间会出现装配工时多少不等的情况，因此所需工时多或少的汽车必须合理地搭配均衡进行流水生产。如图1-10（a）所示，在同一条装配线上某一工位上，加工车型A的工时为70秒，B是50秒，C是60秒，那么按照A—B—C—A—B—C的顺序流动，在循环时间为60秒的情况下生产线不会停止。而如图1-10（b）所示，作业在循环时间里处理不完，就会发生生产线停车的情况。为了避免发生这种情况，不得不增加人员或设备以便能处理70秒的高峰作业。

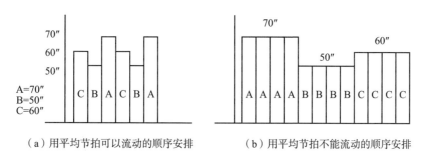

（a）用平均节拍可以流动的顺序安排　　（b）用平均节拍不能流动的顺序安排

图1-10　生产线上的加工车型顺序安排

需要补充的是，前面的讨论都是基于生产线设计已经完成这样一个假设。在规划和安排生产流程中，需要考虑的一个重大挑战是：如何合理地安排每个零部件的工位，并且使它们在一条流水线上运行。这个过程被称作生产线平衡（Line Balancing Problem）。通过这个过程，确定生产线的设计，包括工位数量、节拍时间等，从而避免生产线上的瓶颈。

（三）排序中的约束与优化

生产排序优化的目标是在保证生产能力达到最高的同时，尽可能地降低生产成本。尽管存在许多未知的变数，但是通过综合分析每个生产环节的资源、技术、管理等，我们仍然可以找到一种更加精准的、更加高效的方法来提高产品的质量，这样就可以将所有的资源（特别是物流系统）的运营费用降至更低的水准，从而获取更高的经济效益。采用有效的物流管理方法，可以有效地改善生产线的性能，使各生产线能按其最高能力 24 小时不间断连续运行，实现对生产线的有效利用，从而达成更加有利的结果。在这里，我们会讨论如何在生产流程中进行排名优化，并给出生产排序优化中的一些做法和约束条件。

（1）在相同单元内，为了减少差异性，通常会按照以下顺序进行排列：①同一平台的车型；②同一平台的相同型号的车型；③同一型号的同一配置的车型。即同一单元内的车型所装的零部件差异性小。

（2）排序中订单交货期的约束。订单的交货期是将订单中的车型组合后排在什么时段上的生产单元中执行的约束条件。

（3）生产线本身固有的约束。如涂装线，是否有最低数量同种颜色成组油漆的要求；如车架拼装线，做多少个车架换工装才是可接受的（能跟上总装线的节拍）等。

（4）生产线之间的固有约束。如果生产线之间的顺序不协调，可能会导致一些问题，例如，在内饰装配过程中，规定的尺寸和颜色的驾驶室尚未完成涂装；而在总装线上，车架尚未安装完毕，或者规格不匹配。

（5）物料到位的约束：①现有库存（包括在途物料）不能支持；②远高于预测数的紧急要货量；③供应商的生产、供货能力制约；④交货周期的制约；⑤自制件的生产周期制约。

总装线的生产能力是相对稳定的，通过使用先进的商业软件，可以进行排序优化计算。关键是评估不同"排序组合"安排对总装线运行和物料运送支持顺畅性的影响，不能因为一些没有早作预测的因素和不适当的品种组合方式影响到生产的连续性。

第三节　供应链信息子系统

信息系统在汽车供应链中起着至关重要的作用，可以实现供应链各环节的信息共享和协同，提高供应链的效率和可靠性。本节将从订单处理系统、生产系统及物流系统介绍汽车供应链信息系统。

一、订单处理系统

订单处理系统是指接受顾客订货、查核商品库存、确认与回复交货期限、订货量管理的作业系统。对于所订购的商品，在接到订购通知后，应通过连贯性的作业，经由出货系统、配送系统的指示送达客户手中。

（一）面向客户的订购系统

面向客户的订购系统处理在 BTO 环境下来自客户的订单，包括了从客户发出购买请求开始，一直到整车厂接受车辆订购规格、订购数量、交货时间和地点的整个决策过程。为了在客户满意度和整车厂生产能力之间求得平衡，该系统需要能够进行实时检查（包括物料的可获得性、交货的可行性等检查项目），同时还要根据当前市场状况给出一个合理的报价。

订购系统在 BTO 环境下处于整个 IT 系统的最前端，其设计目标取决于整车厂对整个 SCM 系统应对客户响应速度的期望值，不同的响应期望值决定了不同的设计思想。理想的 SCM 系统应该能够对外部市场的变化和波动进行自适应。订购系统作为系统的输入，需要回答这样一个问题，如何优化价格策略和短期生产能力以应对需求的波动，这是 BTO 环境下整车厂唯一可以使用的短期手段。

（二）全局系统优化

优化与预测是实现基于需求驱动生产的关键。现在，美国和欧洲的多家整车厂（如戴姆勒克莱斯勒、宝马等公司）都在使用各种优化算法软件进行生产排序和调度规划，以充分发挥工厂的产能。此外，在与供应商的协同领域，如运输和取货路径优化等，基于优化算法软件也在得到推广。

将销售与市场的优化同生产能力的充分利用结合起来是 BTO 的一大特点。目标定价作为一种收入管理的手段，已经被部分整车厂所使用。在某种意义上可以认为：收入管理和生产能力计划是优化整个业务系统的重要基石。为了最大限度地实现柔性，美国航空公司直到航班日期逼近时才会确定具体的飞行运力，这种做法使该公司度过了航空危机期间的市场波动。

为了实现一个快速响应的 BTO 系统，可以通过两个阶段加以实现：

第一阶段：承诺订单时只需要考虑长期的零部件约束。对于 10 天左右的交货提期，可以实现 80% 为 BTO，20% 用市场里的库存满足。收入管理可以在战略性的销售刺激层面上发挥作用。

第二阶段：对于每一张订单提供更多的可行性反馈。此外，引入成本和价格评估系统来 100% 优化 BTO 系统的能力。

二、生产系统

（一）满足协同与响应要求的 IT 架构

这里的生产系统被定义为用来驱动汽车生产的调度与排序系统以及相关的生产控制技术。对于汽车厂的生产系统，实现 BTO 的关键能力是协同与响应。为了在整条供应链上实现这两个目标，IT 系统必须迎接很大的挑战。除了中间件、XML、互联网技术外，整个 IT 系统的构架也必须满足相应的要求。

目前的大多数整车厂都已在总装厂和总部之间实现了网络连

接，但通常都是 EDI 甚至是卫星连接（或者价格昂贵的带冗余的专线连接），在与供应链的其他成员交换客户订单预测和调度信息时的带宽十分有限。互联网的广泛使用使越来越多的整车厂开始将非关键和非实时的系统和数据放在互联网上，如质量认证、供应商包装指南等。而一些需要实时快速响应的系统，如车辆配置系统、报价系统等，只有放在互联网上，才能实现实时的快速响应。甚至包括车辆本身，可以通过远程信息服务（telematics）技术连接到互联网上。显然，整车厂需要更加开放的 IT 架，以满足来自各方的连接要求。

（二）调度与排产

目前，生产环节的调度和排产系统开始使用越来越复杂的 IT 技术来计算最优的生产次序。总装厂之所以开始这么做，主要的推动力来源于经过多年的发展，优化算法和技术达到了实用化的程度，可以用来计算最佳的生产顺序，特别是在涂装阶段，实现生产能力利用率的最大化。

优化程序使用了先进的算法来搜索如何使给定的有限资源得到最佳使用。这涉及在有限的资源，如人力、设备、资金、库存和时间内实现下述目标：最快的交货时间、最小的成本、最多的利润和最高的服务水平。优化程序的工作基础是各种约束的定义，如生产瓶颈、流水线的平衡、生产工人的限制或者零部件的可获得性等。优化程序的使用领域十分广泛，从航班调度、制造业生产计划、工程项目时间进度、运输车辆调度、运输路径优化等。汽车总装厂每天的生产排序直接影响到生产效率和质量。排序计划在确定将哪张订单放到总装线的哪一个时段或时间"槽"（time slot）时，必须考虑很多复杂的因素，因此，决策分析是汽车生产过程的关键一环，需要在承诺进行生产前对所有的约束加以充分考虑。

目前的优化程序主要集中在生产计划领域。下一步对于汽车厂的挑战是如何将优化程序扩展到互联网上，作为一个集成的Web系统的一部分，将优化能扩展到市场和销售领域。

为了实现更加优化的生产排程，目前多家整车厂都已经开始准备将传统的通用型规划系统替换为基于优化软件的集中式的车辆规划系统（centralized vehicle scheduling，CVS）。CVS是一个基于约束的总装厂规划系统，一旦有确认的订单进入该系统，系统将通过优化算法，移动该订单在生产线时段（slot）中的位置。CVS考虑了所有的相关因素，如涂装生产能力和零部件可得性。

（三）生产控制系统

生产控制系统将生产排程中每天的订单转换为生产车间的工作任务。根据冲压、焊接、白车身仓库、涂装、涂装车身仓库、总装的特定工作站的需求调节传输带的速度。这对于有交叉传送带的工厂尤其特别重要。系统提前将计划和任务发给车间里的各个工作站，在屏幕上为装配工人显示相关信息，并且在屏幕上也有直接连接到机器人系统控制的功能。

生产控制系统通常都是高度定制化的系统，根据每家工厂的规格和需求开发。作为MES解决方案的一部分，生产控制系统也在朝着利于实现BTO的方向和商品化系统的方向转变。为了适应 BTO 环境下市场需求波动，有可能生产环节也要集成到整个供应链中，这就要求将只是显示生产数据的专有基础结构转变为更加开放的基于工业标准和协议的系统。

这种向 BTO 的转变意味着供应商（包括服务商）对来自车间的实时生产信息更加感兴趣。此外，数据的收集对于监控零部件质量甚为关键，特别是考虑到责任认定和索赔等问题。未来所有参与制造过程的各方都会需要记录零部件进出工厂的"时间戳"，提供责任划分的依据，而整车厂和零部件供应商甚至也会考虑共享生产计划的优化算法以实现更加紧密的集成。

三、物流系统

（一）基于 Web 平台管理的入厂零部件供应

一个基于 Web 平台的入厂物流系统是管理入厂物流所必需的。由于物流涉及多个数据来源，使得基于 Web 的平台成为一个理想的数据转换站点。该 Web 平台的核心必须是一个集成的系统，可以同步地将零部件的入厂顺序发布给物流服务商和零部件供应商。但是，为了便于后期修改和接受来自各方的反馈，该系统需要允许在供应商、物流服务商、整车厂之间进行协商。对于入厂物流，不仅需要考虑总装厂的生产顺序，还要考虑物流服务商的要货数量和取货顺序，为此需要一个共享的数据池，由提出申请的任何一方修改数据。在这里，一个主物流服务商应当承担起入厂物流的总协调角色，和整车厂一道进行生产和物流计划制定。

这可能是一种第四方物流的角色。第四方物流是一个中枢协调员的角色，如图 1 – 11 所示，在入厂物流中发挥着重要的功能。

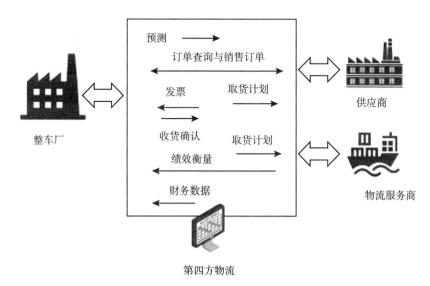

图 1 – 11 **BTO 系统中基于 Web 平台管理的入厂物流**

（二） 供应商、物流服务商与总装厂之间的数据共享

面对不断输入的来自总装厂的要货单，物流服务供应商（LSP）需要一个 2 小时在线的实时系统来随时更新需求信息。一项对于汽车行业物流现状的调查表明，很多 LSP 连每个月收集一次业务合同和计划信息都做不到。

供应商和整车厂在物流上的协同并不意味着要一个"以不变应万变"的系统。如果传递的信息是预测而不是订单数据，那么更新的频率就应该被限制。如果过于频繁地提供预测信息给供应商，反而会给供应商以错觉而采取错误的行动，最后使整个系统变得不稳定和扭曲失真。即便是基于真实订单需求的预测数据，也只是为了给供应商和 LSP 提供安排生产和运输能力的参考，而不是为了让供应商完全按照预测来组织生产。预测和计划信息需要与实际的生产指令分开，后者是基于真实的确认的订单。

对于主要的零部件，需要每个小时向供应商传递包含装配顺序的要货信息，便于供应商安排装货。但是，从计划的角度，不是所有的供应商都需要这么细节的数据。所需要的信息的详细程度随着价值、数量和种类的减小而减小，对于某些供应商可能每周一次的更新频率也就足够了。

LSP 和供应商必须能够实时看到总装厂零部件需求的变化情况。当总装厂装配线的某一时段被指派了客户订单后，必须立即将该信息转变为在时间轴上下一步的行动指令。这些指令又会被发给供应链上的各个成员，由各个 LSP 或运输商来决定行动的时间节点，进而转化为一组对 LSP 的运输时间、数量和地点的要求。为了让供应商专注于生产，LSP 应该组织最佳的收货和交付频率。为了实现这些目标，需要在供应商、物流服务商和总装厂之间共享库存数据（工厂、供应商园区、供应商工厂、在途等），以及运输和物料处理的成本和可获得性方面的数据。由于物流和库存成本之间是相对独立的，最好的办法是对运输、生产和库存的综合考虑。

换一个角度理解，这里提出的概念其实就是由供应商和物流服务商自行根据总装厂生产订单的变化，主动安排生产和运输。

（三）排序：从同步到集成的优化

在汽车行业里，总装厂的装配顺序与入厂物流之间的同步已经是比较成熟的技术。只有入厂物流有了准确的顺序，才能进一步保证总装顺序的准确性、对外承诺的生产日期的可靠性以及工厂的效率水平，并最终确保订单执行的精确性。

在入厂交付过程中排序的精确性对于实现装配排序的精确性是至关重要的，进而也决定了制造日期的可靠性和工厂的生产效率，最终影响着订单履行的精确性。为此有的整车厂会开发一套基于 Web 的系统，用来记录载货汽车从供应商装载零部件的时间。整车厂、供应商和物流公司应视装载时间决定下一步需要采取的措施。但是，由生产决定的排序对于生产可能是最优化的方案，可以尽可能发挥既定的生产能力，但对于其他领域却不是最优。如果将物流成本也考虑在内，可能就生产而言其效率不会是最高，然而将两者合并在一起进行优化却有可能是较为理想的结果。按照传统的做法，入厂物流是以生产排序为目标进行优化，而目前大多数的软件工具也都支持这一做法，下一步它们的发展方向应该是在优化过程中加入更多的因素，从范围更大的角度进行优化。

（四）出厂物流

按订单生产的环境下，只要下了销售订单，根据订单中的交付日期就可以确定物流的需求。随着生产日期的临近，生产排序更加接近最终订单的细节信息。领衔的物流供应商需要知道发运地点和日期，以及对产品的一般性描述。因此，整车厂需要在将订单转换为生产的前几天将信息传递给物流公司，这样物流公司才能够安排运输计划。正如入厂物流一样，在出厂物流领域也同样需要在线的车辆交付信息共享平台。只有通过多品牌混合的物流，以及在同一辆运输平板车上装运多个品牌的汽车，物流公司才能够避免运输量的波动（过大的运输量意味着超出了运输能力，过小的运输量意味着可能一辆平板车上只有一辆车）。这种系统可以让运输路线或运输车辆通过拍卖的方式获得。同时这一系统也是对目前信息系统的一种延伸。诸如 Freight Exchange 和 Market Trans 这样的基于 Web 的交易门户提供一个很好的面向未来的模型，如果可以进一步与收入管理集成在一起，就可以对空运货位进行基于需求的价格管理。

通过在车辆上使用无线电收发机或无线标签等跟踪技术，可以用于车辆和货物在不同的服务商之间的交接。如果将运输车辆的货运数据和 GPS 数据结合在一起，车辆的交付状态就可以被及时更新，让经销商了解车辆交付的准确时间。无线标签可以是一块内置的芯片，所记录的信息在运输的每一个节点被扫描读出，对应于被运输的车辆的底盘号或 VIN 码，从而可以将对车辆的跟踪，覆盖到整个车辆的生命周期——从车辆下线到最后的报废回收。对于汽车厂，其好处在于可以实现：

（1）给经销商和客户及时提供订单状态信息，提高交付可靠性；

（2）改善车辆在整个生命周期的质量控制，将产品历史数据保存在"黑盒子记录器"内有助于收集市场数据、产品使用情况、维修历史和故障召回；

（3）使用远程信息服务 Telematics 可以帮助维修站获取维修数据，提高对客户的服务水平和客户满意度；

（4）将汽车的标识和信息数据库内置车辆中或者通过远程拨号获取，可以用于安全保障以及保存车主历史数据；

（5）跟踪二手车在经销商之间的转移，或者当货车运送完新车后，在回程的路上装载二手车；

（6）便于汽车厂为报废的汽车提供回收服务。

目前，在出厂物流中的货车使用效率非常高（几乎是满载），但是在回程的使用效率却较低。使用上述技术可以大大改善回程的装载效率。

第四节　汽车零部件物流管理相关理论

本节将重点讲述本书所涉及的汽车零部件物流管理相关理论，包括汽车零部件物流运营理论，即精益物流理论、JIT 理论、Six Sigma 理论；汽车零部件物流成本相关理论学说，即"黑大陆"学说、"物流冰山"学说、"第三利润源"学说、物流成本效益背反理论；汽车零部件物流主要理论基础，即值链管理理论、系统工程、业务流程再造理论、约束理论。

一、汽车零部件物流运营相关理论

（一）汽车零部件物流运营相关理论

汽车零部件物流运营的主要理论基础包括：精益物流理论、

JIT 理论、Six Sigma 理论等理论，其核心思想如下：

1. 精益物流理论

精益物流（lean logistics）是一种应用精益生产（lean production）原则和方法于物流管理的概念。它以追求消灭包括库存在内的一切浪费为核心，旨在通过减少浪费、提高效率和质量，以及优化供应链流程来改进物流运营。精益生产起源于日本的丰田生产系统（toyota production system，TPS），并在全球范围内得到广泛应用。它强调通过最小化浪费来提高价值流程的效率，并在生产过程中充分利用资源，以实现更高的生产力和质量水平。

精益物流是一种基于精益思想的物流管理方式，旨在同时提供满意的顾客服务并最小化浪费。其基本原则包括：

（1）顾客导向：着重从顾客的角度出发，研究何种活动能产生真正的价值，而不是仅考虑企业或职能部门的利益。

（2）价值流分析：通过分析整个价值流程的需求，确定供应、生产和配送产品所必需的步骤和活动。

（3）流程流畅：创造连续、无中断、无绕道、无等待和无回流的增值活动流，以最大限度地减少浪费并缩短物流周期。

（4）拉动式运作：运作过程应根据实际顾客需求进行，避免过度生产和库存积压，使价值创造由顾客需求驱动。

（5）持续改进：坚持不断消除浪费，追求完善的过程，并将持续改进融入物流管理的文化中。

2. Just – In – Time（JIT）理论

准时制物流（just – in – time logistics，JIT logistics）是建立在准时制管理理念基础的物流方式。要求物流管理做到准时采购、准时生产、准时运输和准时销售，即将正确的商品以正确的数量在正确的时间送到正确地点。其重点在于减少浪费、持续改进并保证物料在公司内部的流动与供应商和客户的协作保持同步。而供应链管理的目标就是要在成本、质量、客户服务处于最佳状况时，达到物料和客户需求的平衡，这些在许多方面都与 JIT 的因素结合在一起并发生作用。供应链管理提倡互相培训、满足内部客户需求、产品在生产过程中快速流转、终端客户的需求分析、供应链范围的生产进度安排以及实现整个供应链范围的最佳库存水平。JIT 对上述所有供应链管理的要素起到支持作用，是保证供应链管理成功的主要技术手段。准时制物流的原则主要包括以下几个方面：

（1）准时交付：确保产品或服务按照约定的时间准时交付给客户，是准时制物流的核心原则。这需要物流供应链中的所有环节高效运作，以避免延迟和交付不确定性。

（2）精确计划和预测：准时制物流强调精确的计划和预测。通过有效的需求预测和准确的计划，可以避免生产和运输过程中不必要的等待和浪费。

（3）实时信息共享：准时制物流鼓励实时的数据和信息共享。物流参与者之间需要及时传递信息，以便快速应对变化和解决问题，确保物流流程的顺利进行。

（4）精细化库存管理：为了实现准时交付，需要对库存进行精细化管理。最小化库存水平，但又确保有足够库存以满足客户需求。

（5）高效运输和配送：准时制物流注重高效运输和配送方

式。优化运输路线、提高运输效率，可以加快产品的送达速度，并减少可能的延误。

（6）持续改进：通过不断寻求优化的机会，改进流程和运作方式，可以提高物流供应链的效率和准时交付的可靠性。

（7）顾客导向：准时制物流的最终目标是满足客户需求。因此，以顾客为导向是准时制物流的基本原则之一。物流流程和决策都应该着眼于提供优质的顾客服务，以增强客户满意度和忠诚度。

3. Six Sigma 理论

六西格玛（Six Sigma，6 Sigma）是一种管理策略，它是由当时在摩托罗拉任职的工程师比尔·史密斯（Bill Smith，1986）于1986年提出的。这种策略主要强调制定极高的目标、收集数据以及分析结果，通过这些来减少产品和服务的缺陷。六西格玛背后的原理就是如果你检测到你的项目中有多少缺陷，你就可以找出如何系统地减少缺陷，使你的项目尽量完美的方法。一个企业要想达到六西格玛标准，那么它的出错率不能超过百万分之 3.4。六西格玛（Six Sigma）在 20 世纪 90 年代中期开始被 GE 从一种全面质量管理方法演变成为一个高度有效的企业流程设计、改善和优化的技术，并提供了一系列适用于设计、生产和服务的新产品开发工具。继而与 GE 的全球化、服务化等战略齐头并进，成为世界上追求管理卓越性的企业最为重要的战略举措。六西格玛逐步发展成为以顾客为主体来确定产品开发设计的标尺，追求持续进步的一种管理哲学。在物流管理中，Six Sigma 被用来优化运输、仓储和其他过程的质量。这种理论的关键在于分析问题并采用统计方法来减少错误和浪费。

（二）汽车零部件物流成本相关理论学说

1. "黑大陆"学说

1962 年，彼得·德鲁克（Peter Drucker，1962）发表了一篇被认为是对现代物流发展起着奠基作用的文章，题目为《经济的黑暗大陆》。他从传统经济学和现代商业学的角度，对商品的成本和价格的构成因素进行了深入分析，发现商品流通成本占总成本的 50％，并提出"流通是经济领域里的黑暗大陆"。这表明，流通和物流管理在影响商品价值的过程中发挥着关键作用，应该高度重视。德鲁克将物流比作"一块未开垦的处女地"，并指出这本来是一块尚未认识、尚未了解的"黑大陆"，经过理论研究和实践探索，可能收获的是一片不毛之地，也可能是一片宝藏之地。因此，应当积极探索物流管理，以期望收获一片宝藏。

2. "物流冰山"学说

西泽修（Xizawa repair，1970）在 1970 年首次提出了"物流冰山学说"，他认为，虽然我们可以从企业发布的财务报告中观察到物流费用，但实际上，我们无法完全了解其真正含义，即使我们可以用其他方式来评估，也无法准确地把握其实质，从而无法准确地预测其未来发展趋势。很多物流成本都难以察觉。

3. "第三利润源"学说

1970 年，西泽修（1970）发表"第三利润源"《流通费用——不为人知的第三利润源泉》，他指出，物流活动不仅能够给企业带来显著的经济效益，而且还能够激发它们的内在活力，从而推动整个行业的发展。在过去的几个世纪里，资本、技术、管理、运输等各个行业一直被视为获取收益的主要途径。在这些行业，我们通过深入研究客户需求，并结合他们的能力，为客户提供优秀的服务。在运输行业，我们致力于通过提高运输效率，为客户提供优惠的价格，并帮助客户获得更高的收益。

4. 物流成本效益背反理论

"效益背反"是一种常见的情况，指的是物流系统中不同功能要素之间存在着损益的矛盾，例如，如果对其进行改进，可以减少其他部分的影响，从而提高整个过程的效率。随着物流服务的改善，物流成本和收入之间的差距越来越小，而且随着服务质量的改善，收入和支出之间的差距越来越小，因而导致了物流系统的效率下降，进而对其他因素造成了负面的影响，最终导致了整个物流系统的经济性和社会性的下滑。

二、汽车零部件物流相关理论

汽车零部件物流的主要理论基础包括：价值链管理理论、系统工程理论、业务流程再造理论、约束理论等理论，其核心思想如下：

（一）价值链管理理论

迈克尔·波特（1985）首次提出价值链（Value Chain）的概念和价值链分析方法，"价值链"涵盖了企业在设计、生产、销售、发送和辅助产品生产过程中进行的所有活动，每个企业的价值链是由以独特方式联结在一起的九种基本活动构成（即生产作业、内部后勤、外部后勤、技术开发、市场和销售、服务、采购、人力资源管理、企业基础设施）；价值链分析方法包括企业内部价值链分析，即将企业、供应商和顾客分别视作一个整体的行业价值链分析（即纵向价值链分析），以及竞争对手价值链分析（即横向价值链分析）。

价值链分析的核心观点是：

（1）企业是各种活动的集合，将其作为一个整体来看无法认识竞争优势，该竞争优势源于各活动；

（2）价值链是相互依存活动构成的系统，内部联系可经最优化和协调一致带来竞争优势，而企业与供应商、渠道、买方间有纵向联系；

（3）形成价值链结构和经济性的细分景框（依据产品种类和买方进行细分）、纵向景框、地理景框和产业景框都对企业竞争优势具有重大影响。

约翰·沙恩克（John Shank，1993）和菲·哥芬达（V. Gowindarajan，1993）延伸了价值链的范围，他们认为"任何的价值链都包括从供应商那里得到原材料直到最终把产品销售到顾客手中的全过程"。汽车零部件入厂物流就是汽车价值链中的关键环节，起到了连接供应商和主机厂装配工位的作用，利用价值链的理论和方法对入厂物流的整体环节进行分析和优化，消除不增值的环节，只保留增值的环节，同时基于价值链的分析对零部件入厂物流进行系统性优化。

（二）系统工程理论

系统工程是多学科的高度综合，它的思想和方法来自各个行业与领域，综合吸收了邻近学科的理论与工具，故国内外对系统工程的理解和定义不尽相同。系统工程是以系统为研究对象的工程技术，它涉及"系统"与"工程"两个方面。所谓系统，即是由相互作用和相互依赖的若干组成部分结合而成的具有特定功能的有机整体，它具有整体性、相关性、目的性、适应性、等级结构性等特征。传统概念的"工程"，是指把科学技术的原理应用于实践，设计与制造出有形产品的过程，称其为"硬工程"。系统工程学中的"工程"概念不仅包含"硬件"的设计与制造，而且还包含与设计和制造"硬件"紧密相关的"软件"，诸如预测、规划、决策、评价等社会经济活动过程，故称它为"软工程"，这就扩充了传统"工程"概念的含义。这两个侧面有机地结合在一起，即为系统工程。

系统工程这门学科的研究对象和范围主要包括以下几个方面：

（1）系统工程是一门跨越多个学科领域的方法性学科，它的思想与方法适用于许多领域，它不以某一专门的技术领域为研究对象。

（2）它是横跨社会科学与自然科学的综合性的新学科，它不仅涉及科学技术，还涉及经济、社会心理等因素，所以系统工程的研究与应用，特别需要把自然科学与社会科学紧密结合起来，从各门学科中吸取有用的东西，形成自己的思想和方法。

（3）它的目标是实现系统的整体最优。为此，要运用各学科的最新成果（如"老三论""新三论"、运筹学以及电子计算机等），采用定性与定量分析相结合的方法，研究系统的整体与部分，系统与环境之间的关系与协调，提出最优方案，在实践中力争实现系统整体最优效果。

（4）系统工程的观点、方法、概念和原则是本质的，是第一位的，一些数学方法是手段，是属于观点与原则的。

系统工程是一门立足整体，统筹全局，整体与局部的辩证统一，运用数学方法和计算机工具，使系统达到整体最优的方法性学科，系统工程在汽车产业应用广泛，是汽车供应链管理的主要支撑理论之一，可以从全局出发，统筹思考，进行整个供应链的系统优化。

（三）业务流程再造理论

业务流程再造的定义最早是由管理学大师哈默和企业再造领域代表人物詹姆斯·钱皮两人共同提出。在提出业务流程再造的最初定义后，一些学者根据其研究不同目的，在诸多领域对业务流程再造开展了深入的研究。虽然表述不尽相同，但其内涵基本一致，都认为业务流程再造是指企业为增加企业利润及更好地满足消费者需求，根据其占有的资源对其业务流程进行整合，同时对已有的业务流程开展系统化改造、完善和重新设计。

企业业务流程再造，是在对企业业务流程透彻分析的基础上，明确企业运作流程过程中无效和重复环节。在流程再设计时，保留有效的作业流程，增值重要作业流程，提高企业市场灵敏度，构建信息系统和网络支持平台，实现企业供应链管理的信息实时共享。以市场为导向，及时调整企业与市场决策变化，创新和发展企业竞争优势可以不断为客户创造价值、为企业创造利润。

企业流程再造包括了四个关键词：根本的（fundamental），彻底的（radical），戏剧化的（dramatic）和流程（process）。这就是企业流程再造的四个核心内容：

"根本的"是指企业再造需要从根本上重新思考，对长期以来企业在经营中所遵循的等级制度、分工思想和官僚体制等进行重新审视，需要改变原有的思维定式，创造性的思维。

"彻底的"是指企业再造不是对企业进行表面的调整修补或改变，而是要找出根本性问题，进行彻底改造，丢弃现有的陈规陋习、业务流程以及组织结构，对企业进行重构，不是对企业进行调整、增强或改善。

"戏剧化的"是指企业再造的目标不是小的改善，而是要取得业绩上的重大突破，例如：缩短研发生产周期、大幅降低成本、提高质量等。不是缓慢的，渐进式的改善，而是大幅的跃进，渐进式的变革只需微调旧系统，而业绩上的巨大飞跃，需要以新系统替代旧系统。

业务流程再造的核心是企业的业务流程。企业再造必须以流程为核心，对业务流程重新设计，流程再造的所有工作都是以业务流程为核心。

上述四个核心问题严肃阐释了企业流程再造的基本内容，准确地理解了流程再造的核心理念，业务流程以充分利用现代化信息和网络技术手段为基础，从根本上对企业进行重新思考和彻底地重新设计，以巩固企业市场发展地位和提升自身核心能力为目标，充分发挥现代信息网络技术的作用，寻求更好的运作流程，以不断满足客户多层次、个性化的服务需求，获得更好的发展。

美国教授哈默提出了业务流程再造的七条基本原则：

（1）围绕最终结果实施流程再造。

（2）让后续人员参与前端过程。

（3）在实际工作中处理信息；

（4）将分散资源集中化。

（5）连接平行工序。

（6）决策下移。

（7）在源头获取信息。

业务流程再造在汽车产业应用比较广泛，根据流程再造理论、方法和工具对现有的业务流程进行改造，适应市场变化、技术变化，增强企业竞争力。

（四）约束理论

约束理论（theory of constraints，TOC）的基本理念是：约束系统实现企业目标的因素不是系统的所有资源，而是被称为"瓶颈"的少数资源。约束理论认为，系统中的事件不是孤立的，一个组织的行为由其自身或外界的作用而发生变化，尽管有许多相互联系的原因，但总有一个最关键的要素。找到制约系统的关键要素加以解决，可以起到事半功倍的效果。管理的艺术就在于发现和化解这些瓶颈，或使它们发挥出最大的效能。约束理论就是一种帮助找出和改进瓶颈，使系统（企业）效能最大化的管理哲学，是事半功倍的管理哲学。

约束理论TOC是由以色列企业管理大师和物理学家高德拉特博士（Eliyahu M. Goldratt，2008）创造的。由于采用通俗的逻辑推理，更易于被接受，TOC成为企业变革和改善非常有效的工具。

约束理论的前身是最优生产技术（optimized production technology，OPT）。OPT是戈尔德拉特（Goldratt，1979）和其他三个以色列合作者创立的，他们在1979年下半年把它带到美国，成立了Creative/Output公司。OPT主要包括以下四个方面的内容：

（1）识别约束；

（2）瓶颈约束整个系统的产出计划；

（3）"缓冲器"的管理；

（4）控制进入非瓶颈的物料。

OPT管理思想具体体现在生产排序原则上，以下九条原则是实施OPT的基石：

（1）重要的是平衡物流，不是平衡能力；

（2）制造系统的资源可分为瓶颈和非瓶颈两种；

（3）资源"利用"和"开动"不是同义的；

（4）瓶颈资源损失一小时相当于整个系统损失一小时，而且是无法补救的；

（5）想方设法在非瓶颈资源上节约时间以提高生产率只是一种幻想，非瓶颈资源不应满负荷工作；

（6）产销率和库存量是由瓶颈资源决定的；

（7）转移批量可以不等于甚至多数情况是不应等于加工批量；

（8）加工批量是可变的，而不是固定不变的；

（9）提前期应该是可变的而不是固定的。OPT 的计划与控制系统又称为 DBR 系统（drum-buffer-rope approach，"鼓""缓冲器"和"绳子"，简称 DBR 法）。

TOC 的管理思想是首先抓"重中之重"，使最严重的制约因素凸显出来，从而从技术上消除了"避重就轻""一刀切"等管理弊病发生的可能。短期的效果是"抓大放小"，长期的效果是大问题、小问题都没忽略，而且企业整体生产水平和管理水平日益提高。TOC 的管理思想可以有效地指导汽车入厂物流的系统性优化，帮助主机厂实现汽车零部件入厂物流的合理化。

第五节 本 章 小 结

本章按照汽车物流——汽车零部件生产系统简述——汽车供应链信息系统简述——汽车零部件物流相关理论的顺序编写。从汽车物流的定义出发，基于企业系统活动结构角度，对汽车物流进行分类，即入厂物流、生产物流、销售物流和逆向物流，并分别进行了阐述，然后介绍了汽车物流管理组织，并综述了国内外汽车零部件物流的研究现状，特别是研究了零部件入厂物流模式、入厂物流的三个主要环节（循环取货、仓储管理/优化以及物流配送）国内外的研究现状，并对汽车零部件入厂物流的研究现状进行总结和分析，让读者对入厂物流有一定了解。

接着从整车厂生产系统的构成和生产排序计划两方面简述了

汽车零部件的生产系统，整车厂主要由冲压、焊装、涂装和总装四大生产工艺车间构成，车身部分在前三个车间完成，最后在总装车间进行车身和零部件的装配，形成整车。整车的生产、计划本质上就是拉动汽车零部件的生产。在理想的情况下，生产排序的基本原则是均衡生产。排序优化的目标是追求最高的生产效益，即生产能力达到最高和生产成本达到最低。影响目标实现的因素众多，在实践中往往有诸多的不确定性，因此难以（量化）计算出效益最优解。但换一个角度考虑，即整合围绕着各生产线的生产要素与约束条件：当各生产线能同步均衡达到产能最大化，且支撑产能最大化的关键要素（主要的就是物流系统）的运行成本趋于较低水平时，就是效益最优解（满意解）。

紧接着介绍汽车供应链信息系统，从订单处理系统、生产系统及物流系统介绍汽车供应链信息系统。强调信息系统在汽车供应链中至关重要的作用，可以实现供应链各环节的信息共享和协同，提高供应链的效率和可靠性。

最后从汽车零部件物流相关理论角度，介绍了汽车零部件物流运营理论（精益物流理论、JIT 理论、Six Sigma 理论）、汽车零部件物流成本相关理论学说（"黑大陆"学说、"物流冰山"学说、"第三利润源"学说、物流成本效益背反理论）和汽车零部件物流主要理论基础（价值链管理理论、系统工程、业务流程再造理论、约束理论），让读者对汽车零部件物流相关理论有一个清晰的认知，为后面章节内容提供理论基础。

第二章

汽车零部件入厂物流系统研究

汽车零部件入厂物流是一个复杂物流系统，它的任务是根据生产计划，按照零部件上线的时间要求，将多达千种的零部件从各地的百余家供应商处送到生产线边，保证生产的平稳、正常进行；运行目标是在正确的时间，将正确数量和正确品种的零部件，以正确的方式送到正确的地点（即每种零部件的需求点）。这个目标简称为 5R 目标（right time，right quantity，right variety，right method，right place）。

第一节　零部件入厂物流模式研究

在汽车零部件入厂物流的研究中，很多学者对零件入厂物流的理论进行了研究。大多学者以供应链管理理论、网络规划理论及现代信息技术理论为指导，研究了入厂物流的模式、网络规划及信息技术。

较早提出汽车零件入厂物流模式并被广泛引用的是哈里森（2001），他于2001年通过对多家国外主机厂的总结和分析，提炼出了六种主要的入厂物流运作模式：

（1）供应商送货，运输费用、成本、保险等均包括在产品价格中；

（2）主机厂自行从供应商处集货，然后送到物流中心，再用货车送到主机厂；

（3）由第三方物流供应商把从供应商处集来的货物送到中转仓库，然后按照主机厂的要求进行投送；

（4）链式物流，主要适用于挂车进行的远距离运输；

（5）供应商园区，即在主机厂附近建立供应商仓库；

（6）组件运输，即供应商不只是提供单件产品，而是在工厂组合生产后运输到主机厂。

近年来，研究汽车零部件入厂物流模式的学者较多，在哈里森的基础上进行了更深入的研究，进一步丰富和完善了入厂物流模式，从供应链驱动方式、物流主导方式及具体入厂物流运作方式等方面进行了较为深入的研究。

第一，基于需求拉动的供应链驱动方式。随着客户需求的不断变化、市场竞争的加剧以及JIT精益生产模式在整个供应链上的应用，汽车主机厂为了提高客户响应速度和效率，降低商品车销售库存，汽车主机厂对生产计划的制订和发布规则进行了变革，由原来的面向库存的推式生产MTS（made to stock）转变为面向订单的拉式生产MTO（made to order），因此基于市场需求拉动的供应链驱动的生产和物流模式成为汽车行业的主流模式。

面向订单的拉式生产组织方式是在接到客户订单后，将客户的订单信息通过 DCS（dealer collaborative management system）、ERP、APS、MRP、MES 等系统转换成供应商的零部件采购计划、制造车间的生产排产计划，并按照客户订单需求，拉动供应链的零部件组织和生产装配。面向订单需求的拉动式生产方式交货期短、库存水平低，用较少的零部件库存来满足产品生产的需要；企业的资金占用少，制造成本低；并且可以提供给客户多样性的产品和快速响应的服务，在一定程度上满足了客户的需求。基于需求拉动的供应链驱动模式如图 2 - 1 所示。

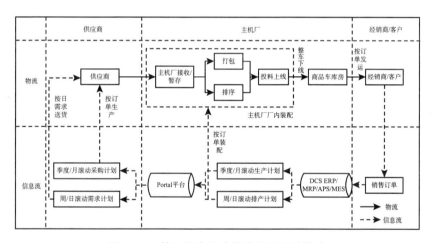

图 2 - 1　基于需求拉动的供应链驱动模式

但由于需求的不确定性、供应链各成员运营管理能力及难度不同，完全的拉动式供应链在现实中是很难实现的。

第二，从物流主导方式来看，零部件入厂物流可以分为供应商主导物流模式，主机厂主导物流模式和第三方物流（3PL）主导物流模式，以及 LLP 模式。

一、供应商主导物流模式

在供应商主导物流模式下，零部件供应商接受主机厂的订单后，与第三方物流公司签订物流服务合同，由第三方物流公司将零部件送到主机厂或者主机厂指定的交货地点，主机厂对第三方物流公司的物流改进诉求，必须通过供应商与第三方物流公司沟通，主机厂对到货物流没有控制能力。目前，部分国产自主品牌及中小车企采取这种物流模式的比较多。甚至部分大型主机厂也部分采用这种物流模式。供应商主导的物流模式如图 2－2 所示。

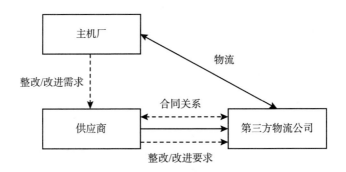

图 2－2　供应商主导物流模式示意

在这种物流模式下，主机厂与供应商签订的是到厂价格的采购合同，即主机厂交货的价格，供应商负责零部件从其所在地到主机厂之间的物流成本（含运输/包装/仓储等成本）、安全保险及质量保证等，主机厂基本上无法对供应商的物流过程进行直接干涉，只关注物流交付结果，即供货的及时性、准确性和质量稳定性，这是一种十分传统的商流、物流、资金流合一的采购模式。在这种供应商主导物流模式下，供应商为了自己的利益，故意隐藏零部件出厂价格和物流成本构成比例，面对主机厂的采购降价要求时，在物流成本上进行调整，供应商最终降价的部分只不过是物流成本而已，而且供应商可能因此选择价格更低、服务质量更低的第三方物流供应商，本质上不仅没有实现零部件降价的目的，反而增加了零部件因物流原因缺货、质量损失等风险，对主机厂而言影响和风险将非常大。由于双方的信息不对称，很难建立一种信任机制，双方也就难以建立一种和谐的协同合作关系。

在这种模式下，同一主机厂的供应商之间基本不可能进行物流协作。各自寻找物流公司建立独立的物流运营体系。而实际上如果同一地理区域的供应商的物流量完全可以通过合理组织而成为整车发运，这在很大程度上就增加了汽车制造企业的采购物流成本和生产制造成本。

二、汽车制造企业主导物流模式

汽车制造企业主导物流模式主要体现在产业集群方面，从技术方面则体现在 Milk - Run 上门取货与集并运输控制方面。

产业集群是汽车产业发展的重要形态，是指围绕一个或多个主机厂，在一定区域内形成一个主机厂及供应配套十分集中的区域，形成汽车产业的集群。近十年来我国汽车产业快速发展，形成了一批规模不等的汽车产业集群，长三角、珠三角、华中、京津、西南的五大零部件产业集中带。在汽车产业集群中，核心主机厂占主导地位，零部件入厂物流严格按照主机厂设定的入厂物流模式运作，主机厂主要采取 Milk – Run 上门提货的方式或要求供应商直接顺序上线，甚至按照主机厂的要求开展集并运输和共同配送。主机厂主导的物流模式如图 2 – 3 所示。

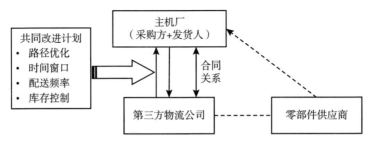

图 2 – 3　主机厂主导物流模式示意

在这种物流模式下，主机厂与供应商签订的采购合同是出厂价格，即主机厂上门取货的价格，主机厂增强了对零部件入厂物流过程、物流成本和物流品质的控制，为主机厂营造了良好的供应物流环境。这种物流模式在广州、上海等汽车产业集群的主机厂内得到了应用，如上海通用汽车。

三、第三方物流模式

第三方物流模式是近十年来随着我国汽车产业快速发展而逐步得到应用和推广，其主要目的在于突出主机厂的核心竞争能力，提升供应链的竞争优势，降低供应链物流成本，提升物流服务对汽车产业精益生产的柔性配套能力。

第三方物流模式的基本运作方式如图 2 - 4 所示，主机厂作为采购者，同时也是发货人，与供应商签订出厂价格合同，即主机厂上门取货的价格，并且将供应商零部件入厂物流业务委托给有服务能力的、专业的第三方汽车物流公司，一般这种专业的第三方物流公司是与主机厂有资本纽带的合资公司或从主机厂剥离出来的独资三方物流公司，双方签订物流服务合同后，由第三方物流公司向汽车制造企业提供专业的物流服务，采取事先规划和设计好的物流方案完成零部件入厂物流运作，从而实现了商流、物流的分离；主机厂可以直接就入厂物流过程中的时间窗口、配送频率、生产保障、质量控制、路径优化等优化项目与第三方物流共同改善。同时，主机厂还可以建立物流服务考核的 KPI 体系，对第三方物流公司提供的入厂物流服务进行绩效考核。这样，主机厂就极大地增强了对物流过程的控制能力和对物流成本的掌控能力，同时也有利于主机厂与其供应商建立一种信息透明的长期信任关系，在汽车制造企业面临竞争压力而要求零部件供应商提供一定范围降价支持时，供应商提供的是一种相对透明的零部件本身的降价，而不是变相的物流成本的下降与物流服务水平的降低。

在这种物流模式下，第三方物流公司利用自身的物流服务网络、物流技术和物流理念，对主机厂的供应商零部件资源进行整合，同时还可以整合社会上的相关物流资源，充分发挥物流规模优势，从而为主机厂物流成本的降低提供了空间，也为物流公司自身的利润增长提供了空间，这种战略性双赢的合作模式已经得到越来越多的主机厂的重视与应用。

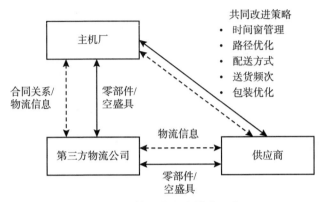

图 2 - 4   第三方物流模式示意

目前，这种模式不仅在合资主机厂中得到了大面积的应用，如长安福特、丰田汽车、上海大众、上海通用等，在国产自主品牌中也得到越来越广的应用，如 A 汽车公司、吉利汽车、力帆汽车、奇瑞汽车。都先后采取了零部件入厂物流第三方物流模式。与之相应，长安民生物流、上海安吉汽车物流、一汽国际物流、广汽商贸、上海通汇物流、北京长久物流、广州风神物流等专业性汽车物流服务公司得到了迅速发展。由此可见，第三方物流模式已经成为汽车制造业零部件入厂物流的重要发展趋势。

四、LLP 物流模式

随着主机厂物流的大量外包，在第三方物流模式的基础上，形成了一种新的物流运作模式——物流领导者合作伙伴模式（lead logistics partner，LLP），该物流运作模式如图 2 - 5 所示。

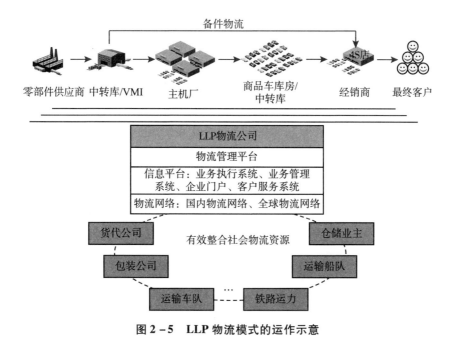

图2-5 LLP物流模式的运作示意

　　该模式比第三方物流模式更进一步，具有领导地位的物流合作伙伴不仅在该主机厂众多的物流服务商中起主导作用，更为重要的是与主机厂建立了紧密而良好的战略合作伙伴关系，在LLP模式下主机厂对物流的管控模式如图2-6所示，该模式能更好地对繁杂的入厂物流进行专业化的管理，该模式不仅可以大幅减少物流总成本，而且运输的可控性、库存周转率、物流信息系统建设等供应链系统其他方面的运行效果也都能得到明显改善，该模式既具备第三方物流外包的专业化优势，又能够发挥第四方物流集成化管理和物流技术集成的优势，同时也保证了主机厂的核心主导地位。国内外先后有多位学者采用模糊层次法、Witness仿真法验证了LLP物流模式在汽车零件入厂物流中的优越性，并提出了 LLP 模式在汽车零件入厂物流中的实施方案。

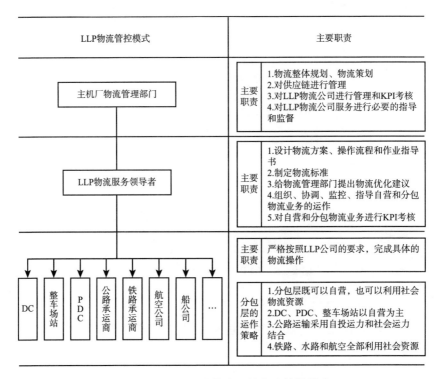

图 2-6　LLP 物流模式下的物流管控模式

从具体的入厂物流运作方式来看，可以将入厂物流模式划分为：JIT 看板模式、JIS 看板模式、VMI 模式、Milk-run 取货模式、Cross Docking 越库模式、POP 直供上线模式。

随着合资主机厂在国内不断加大投资、研发和生产力度，以及现代物流理论、技术的不断深入发展，零部件入厂物流的运作方式也在不断创新、发展，并逐步从理论走向应用和实践。这些物流运作方式为汽车零部件入厂物流模式的发展提供更多优化工具和发展可能性。

1. JIT（just in time）看板模式

该模式是从日本丰田汽车引入、应用和推广而来的零部件拉动模式，这方面的研究和学术著作比较多，国内实践主要是从广汽丰田南沙工厂开始的，是国内各大主机厂和制造企业学习和模仿的对象，其基本原理就是用看板跟踪汽车零部件的实际消耗情况，并根据消耗完毕的看板（纸质/电子）由物流人员进行拉动循环补料，尽量减少生产线边及库房物料积压。

2. JIS（just in sequence）看板模式

这是汽车产业为了应对大规模柔性化混线生产而发展出来的零部件拉动模式，其原理是在生产线同时生产多种车型、不同颜色、不同配置汽车的情况下，对各种外观件、颜色件和专用件要求按进入总装车间车身队列的顺序，对零部件进行顺序组织上线。在具体操作上，当车身队列从涂装车间编组平台出发，进入总装车间时，在车身信息采集点，对每一辆车的车身号进行采集并将采集到的车身顺序数据通过系统分解为物料需求顺序，并将这些物料按顺序放在专用的工位器具内，以便车间工人按顺序拿取零部件进行装配。

3. VMI（vendor managed inventory）模式

VMI 模式即供应商管理库存，目前汽车入厂物流中采用 VMI 库存模式的情况较为普遍。主要原因是由于汽车主机厂实行精益生产后，同时实施了 JIT 配送模式，要求供应商将零部件 JIT 的配送至主机厂配送中心或者生产线缓存区。由于主机厂占主导地位，距离较远的供应商为满足主机厂严格的配送要求，在主机厂附近各自租赁物流公司中转仓，或使用统一由第三方物流管理的物流配送中心，通过物流公司的 JIT 仓储配送为主机厂提供物料配送服务，实现高效率的"连续补货"。

4. Milk-run 取货模式

Milk-run 取货模式起源于英国北部的牧场，是为解决牛奶运输问题而发明的一种运输方式。由于这种运输方式产生良好的成效，因此被不同产业借鉴，特别是在汽车产业中应用普遍，用于对多个供应商进行零部件集并运输。该模式主要应用于汽车主机厂的零部件入厂物流中，即由主机厂自己或委托第三方物流公司按照生产计划和队列信息，根据事先设计好的时间窗口和取货线路，到多家供应商集并取货，最后回到主机厂库房。这种模式可以有效降低工厂库存，同时也提高了物流资源利用效率，降低了物流成本。

5. Cross Docking 越库模式

Cross Docking 越库又称交叉收货，是一种较新的物流运作方式。不同供应商的零部件将货物运送到越库中心，经过对物资进行分拣和组配后直接送到货车转载区，将货物送往下一个目标点，省去上架入储位、存储、出库等流程，从而提高物流链的反应速度，降低库存成本，提高运输效率。

越库模式下越库中心的位置不同，功能也会有区别，越库中心的位置如果选择靠近供应商的位置建立，有利于远程供应商的零部件的集并，可以规模化的实现干线运输，有效降低长途运输成本，如果越库中心的功能安排在离主机厂比较近的配送中心或者线边超市，可以有效解决进口 KD 件，航空快件、标小件以及紧急配送零件的快速上线问题，可以有效地提高物流系统的响应速度，提高物流中心的处理能力。

6. POP（pay on production）直供上线模式

这也是各主机厂常用的一种零部件入厂物流模式，主要是针对在主机厂周边同步建厂的零部件供应商，而且零部件有体积大、专用性强、容易损坏等特点，如保险杠、仪表台总成、座椅、轮胎、玻璃、发动机等，由供应商直接从自己的生产线或者成品库房装入专用的物流盛具中，并按照主机厂的总装车间的车身队列的信息，按生产队列顺序实时滚动地配送至主机厂总装车间物料操控区的指定接收点甚至是装配工位，这种从生产线到生产线的POP直供模式，极大地减少了物流过程中的次生质量问题和损耗，也减少了主机厂总装车间的物流面积，得到了主机厂及其相关供应商的认可和大面积推广。

实际上，由于汽车零部件入厂物流系统的复杂性以及各主机厂的差异性，以上零部件入厂物流模式并不能独立存在，一般是根据各主机厂的实际情况进行合理地组合，形成各种具有实际操作性的物流解决方案，这也是我国汽车零部件入厂物流的重要特点。同时由于国内汽车物流的发展相对滞后，处于成长期，国产自主品牌主机厂更有可能形成多种入厂物流模式同时并存的格局。A汽车公司作为国产自主品牌轿车及微车的领导者，其零部件入厂物流模式就是典型的各种入厂物流模式的综合，尽管A汽车公司的零部件入厂物流业务统一交给其控股的长安民生物流进行LLP物流运作，但仍存在较多的供应商主导物流的成分；同时，在以拉式物流为主的情况下，对部分标小件和通用件进行推式物流；

更是兼容了 JIT、JIS、VMI、Milk - Run、Cross - Docking、POP 直供上线等物流运作模式。

这种融合多种入厂物流模式的解决方案，是由我国汽车产业目前的发展阶段所决定的，同时也与我国人文、历史、传统等因素有直接关系，在今后较长一段时间内，这种混合的物流模式也将是我国汽车零部件入厂物流的一大发展趋势。

第二节　汽车零部件入厂物流关键流程分析

汽车工业作为全球工业的龙头行业，其发展和变革对全球经济和生产方式产生着重大的影响。很多世界先进的生产管理方式都来自汽车行业，如 JIT 生产模式起源于日本丰田汽车，这种先进的生产管理方式已经对世界制造企业的生产方式产生了很大的改变。本书是针对 JIT 生产模式下，小批量、多批次和准时性的要求下，入厂物流中循环取货、拣货、配送、投料上线效率低的问题对入厂物流进行整体优化。因此，本部分将针对主机厂入厂物流中的主要流程进行分析，找出目前 JIT 生产模式下入厂物流中需要解决的问题。

一、入厂物流循环取货分析

在汽车零部件入厂物流的诸多环节中，运输线路的规划和选择是影响运输成本、运输时间、运输效率和物流综合服务质量的主要因素，运输的准时性不仅是物流服务质量的体现，还对整个物流过程和主机厂最终的装配产生重要影响。在供应商到主机厂的运输环节中，国外主机厂采用循环取货物流技术起步较早，已经进入比较成熟的阶段，随着国内汽车产业的快速发展，以及学术界对循环取货的学习和研究，国内自主品牌主机厂也已经在逐步设计和实施循环取货的物流模式。

国外推行循环取货（Milk-run）物流模式的实践证明，以Milk-run模式设计优化循环取货线路，可以有效地降低运输成本、包装成本和整车物流成本，同时可以减少供应商的物流成本、资金占用成本和库房租金成本，从而降低整个供应链的物流成本。

因Milk-run具有取货周期短、取货批量小、取货时间窗确定和取货计划与生产计划相吻合的特点；具有取货效率高、供应链库存水平低、响应速度快和服务水平高等优势。在国内外汽车行业得到广泛应用，并取得了较好的效果。

国内对Milk-run的叫法不一，如"循环取货""牛奶式取货""定常线路运输""集并运输""调达物流"等，虽然叫法不一，但是基本做法一致：循环取货是一种优化的物流系统网络，它源于英国北部农场的牛奶运输方式，后来被借鉴发展成为汽车行业零部件入厂物流的一种重要技术和物流模式，即用同一运输车辆到多个供应商工厂提取零部件并同时送还空盛具的操作模式，取货车辆在按照事先设定的线路和设计的时间进行循环往复的取零部件送空盛具的作业。从目前来看，主机厂一般将循环取货物流外包给第三方物流公司来运营。循环取货不仅可以使取货次数和车辆行驶距离大幅减少，还能提高车辆装载率和物料供应的敏捷性和柔性，有效降低供应物流成本。其运作原理如图 2 – 7 所示。

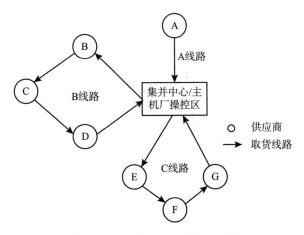

图 2 – 7 循环取货运作原理示意

　　循环取货是一个典型的 JIT 运输方式。循环取货模式是一种精益物流的管理方法。它将"推动式"送货转变为"拉动式"取货，以相对固定的取货频次、窗口时间和行驶路线保证了主机厂装配线零部件的连续补充。对于主机厂而言，实施 Milk-run 的初衷就是主机厂对零部件供应的时效性、柔性和快速响应性的要求越来越高，首先要保证通过循环取货的实施和管理，使零部件更好地实现 JIT 供货，保证生产连续，不造成生产停线。同时能实现运输、库存成本的节省，实现入厂物流成本的降低。

　　循环取货的整体流程如图 2 – 8 所示，取货流程如图 2 – 9 所示，取货各方的职责如表 2 – 1 所示。

学术界对 Milk-run 的研究主要从以下两个方面展开：一是对主机厂实施 Milk-run 的案例研究和实施过程中存在的问题及改进方向；二是取货车辆调度和车辆路径规划，以及针对循环取货的 VSP（vehicle scheduling problem）和 VRP（vehicle routing problem）问题建模并设计各种改进算法。

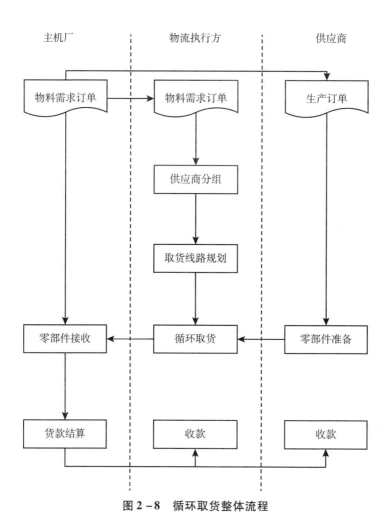

图 2－8　循环取货整体流程

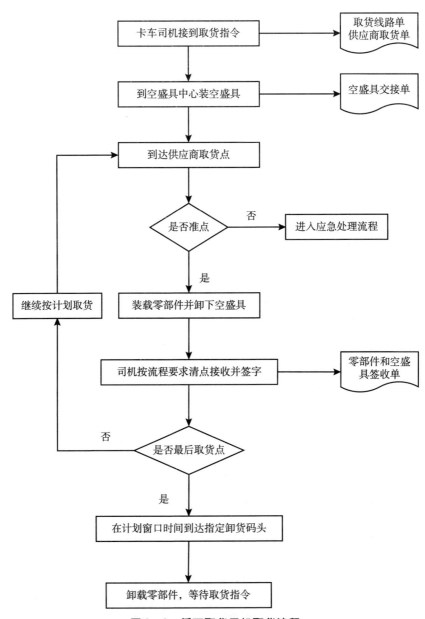

图 2 - 9　循环取货司机取货流程

表 2 - 1   循环取货各方主要职责

主机厂职责	物流公司职责	供应商职责
● 制订生产计划 ● 供应商培训/管理/监督 ● 物流公司管理/考核/监督 ● 取货方案设计 ● 线路规划 ● 盛具体系设计及管理 ● 取货运营监控 ● 货款及物流费用支付	● 取货计划分解 ● 取货任务执行 ● 派车计划设计 ● 车辆调度 ● 取货应急及异常情况处理 ● 车辆管理及日常维护 ● 司机管理 ● 取货运营管理	● 零部件生产及备货 ● 装卸货 ● 零部件质量保证 ● 窗口时间保证 ● 空盛具维护及管理

　　由于循环取货模式首要目标是保障主机厂生产的连续，因此对取货和到货时间有较高的要求，所以循环取货是有时间窗约束条件下的 VSP、VRP 问题。时间窗约束就是取货任务要求在某个时间范围内完成。根据时间约束的严格与否，分为软时间窗、硬时间窗和混合时间窗。为了完全实现 JIT 供货，一般将循环取货定义为硬时间窗的 VSP、VRP 问题进行研究。

　　在实际应用和理论研究中，循环取货是在一定的合理约束条件下寻求运输总成本最小。所以在取货线路分组时主要是以地理位置作为分组的最优先原则，将地理位置邻近的供应商编入同一线路，达到车辆的最大装载限制，实现取货环节的成本最优，并没有从供应链整体考虑全局最优。虽然通过循环多频次的取货，有效地降低了零部件单次到货批量，大幅减少了库存积压，但是取货车辆所取零部件跟下一个使用环节的需求是脱节的，没有基于下一个物流环节的需求来取货，循环取货的下一个环节是投料上线。目前的取货模式只是实现了到货运输环节的优化，在该模式下取货车辆取回的零部件仍然是混乱没有秩序的，需要在 DC

或者物料操控区进行暂存、集并，再按照工位投料编组的需求进行二次分拣和编组，之后才能投料上线，中间的暂存和二次分拣需要占用大量的存储面积和分拣的人力、设施和设备。同时也需要较长的等待时间，物料的及时响应性受到影响。

因此，现行的循环取货模式并没有实现精细控制，仍然比较粗放，没有实现真正意义的拉式供货。

二、入厂物流配送中心及物料操控区优化分析

汽车零部件配送中心是汽车入厂物流中重要的物流节点，承担了入厂物流系统中的重要功能，是将供应商的零部件集中然后配送到生产线的关键环节。汽车零部件配送中心是指为汽车生产线提供多品种、大批量、有秩序的汽车零部件，通过仓储、保管、配货、分拣、流通加工以及信息处理等作业后，根据主机厂的生产计划对生产线工位实施JOT配送。零部件配送中心的功能如下：

（1）集散功能。将汽车零部件供应商的零部件集中到配送中心，再向下一个流程环节的主机厂进行配送。

（2）仓储保管功能，调节供需。作为入厂物流系统的枢纽节点，为零部件供应商和主机厂短暂储存零部件，很好地调节了供应商供应和主机厂需求在时间和空间上不一致的问题。

（3）换包装、分货、拣货与配货功能。将进入配送中心的大批量无序到货的零部件按照主机厂的生产计划重新分拣、配货，形成投料队列，对于需要转换包装的零部件进行包装的转换，按

照主机厂的包装标准，将零部件运输包装转换成主机厂的上线包装。

（4）配送及投料功能。根据下游客户订单需求进行 JOT 配送。由于配送中心跟主机厂的生产装配之间的关系紧密，所以配送中心的地理位置一般设置在主机厂的附近或者厂内，离主机厂的总装车间的距离比较近。但国产自主品牌汽车的配送中心选址，由于受主机厂对物流重要性的认识问题，以及物流理念相对落后，很多主机厂配送中心的选址非常不合理，给物流运行造成了很多的问题，物流效率低，物流成本高。

物料操控区的出现也是在这种配送中心不合理的安排下出现的，主要目的是解决及时投料上线和生产保供。本质上物料操控区所承担的功能和零部件配送中心的功能相似，只是离总装车间生产线的距离不一样，由于距离不同，两个功能类似的物流区功能设置存在一定的差异，有所侧重，物料操控区一般设置在总装车间内部，是总装车间的一部分，紧挨生产线，由于物料操控区的面积有限，并且主要功能是投料和投料前的准备功能。一般到操控区的零部件是很快就要使用的零部件，通常只有 2 个小时左右的消耗量。物料操控区的主要功能就侧重在投料编组和投料前的准备。所以物料操控区的规划和管理跟配送中心存在明显的区别。

零部件配送中心主要承担了供应商零部件的集中、包装转换、短期存储、分拣、流通加工和投料到物料操控区的功能。配送中心的作业流程一般包括：零部件到库的接收、清点、检验、入库、归位，然后根据发货计划进行零部件的换包装、排序、拣选、配货、装车、发货等作业，以及零部件的在库管理（盘点管理、差异处理、先进先出管理、质量管理等）、信息管理流程、信息系统操作流程以及配送中心的异常处理（包括零部件紧急配送、车辆异常处理、罢工等应急处理流程）还有与作业流程配套的人员管理、设备管理、设施管理等辅助流程。配送中心的主要操作流程如图 2 – 10 所示。

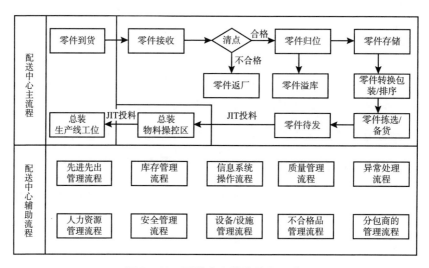

图 2 – 10　配送中心操作流程示意

从价值链增值的角度来分析，由于历史原因导致了在入厂物流环节出现了配送中心和物料操控区两个功能雷同的物流节点，存在较多的问题：

（1）虽然两个节点之间有分工，但是很多的装卸功能重复，浪费较多，特别是从配送中心需要用卡车或者专用拖车，将已经拣选好的零部件长距离转运至物料操控区，在物料操控区还要再进行二次编组，为此会额外投入大量的人力、物力和财力，浪费严重，作业效率低；

（2）配送中心的零件存储量相对较大，离实现"零库存"的目标遥远，并且配送中心采用的是传统的存储和管理策略，按供应商进行库房规划，并根据预设库位进行批量分类存储，首要目标是保证主机厂连续生产所要求的安全库存量，在满足主机厂多车型和产量增加时容易出现爆仓和服务能力不足的问题，严重影响主机厂的生产保供。

（3）由于作业环节多，对生产线的应急响应速度慢，容易导致生产线停线。为了解决信息传递效率低下的问题，需要额外投入较多的人员和信息系统，信息设备来解决。

（4）由于配送中心和物料操控区的地理位置是分开的，在组织职能划分上存在较多的问题，如果主机厂把两个功能雷同的物流职能划归同一个部门管理，地理位置的不同，导致管理难度增加，如果划归两个不同的部门进行管理，部门之间的矛盾会非常多，管理复杂，严重影响到物流管理效率和物流运营效率。

因此，对配送中心和物料操控区的优化和重新设计非常必要，基于价值链理论，对入厂物流流程进行优化，减少重复的功能设置，将两个环节合并成厂内的 DC（distribution center），兼具配送中心和物料操控区的功能。物料配送系统和投料系统的优化是进行物流资源整合的最有效的途径，也是一个最有潜力的挖掘空间，通过优化，将给主机厂和供应商带来较多的收益：

（1）大大降低配送费用，大幅减少重复的人力成本和设施设备的投资。通过将配送中心功能和物料操控区的合并，可以大量减少配送中心往物料操控区转运的物流运输及配送费用。同时可以减少转运过程中的次生质量问题和安全隐患。功能合并之后，可以减少雷同岗位的设置，提高人工作业效率，可以减少大量的物流作业人员；可以大量减少叉车、转运车辆、办公电脑等设备的投资，并且可以减少信息系统的开发和维护费用。可以有效地提升库房利用率，减少库房基础设施的重复建设和投资，可以节约大量的固定资产投资成本。

（2）"零库存"的成本效应。实现企业的"零库存"是降低主机厂物流成本的核心环节，也是汽车零部件入厂物流管理的努力方向。企业库存的降低直接表现为仓储费用降低以及相关保管、管理维护费用的降低；还可以有效降低主机厂入厂物流环节的资金积压成本。库存的降低可以直接减少主机厂和供应商用于库存的资金积压，帮助主机厂和供应商优化资金流。

（3）提高主机厂的竞争力。配送系统的优化整合可以提高配送系统的响应速度，加快主机厂的市场需求响应，帮助主机厂提升供应链的市场竞争能力，快速响应市场需求。

三、JIT 生产模式下入厂物流投料上线分析

零部件入厂物流的上线投料环节与生产线装配的关系最为紧密，直接影响着主机厂的生产和装配，是生产物流的一部分，是装配前的准备环节，也是零部件入厂物流厂内物流系统的一部分，是指厂内物料操控区收货口到生产线工位的物流统称。厂内物流系统的关键是与生产线的无缝隙对接，目前国产自主品牌汽

车学习和借鉴国外汽车行业先进的制造和管理经验，多采用 JIT 的生产模式。在该模式下，将零部件视为一种流动资产，应该被立即使用，因此在厂内物流各工序不具备零部件保管存储的仓库职能，应最大限度消除库存浪费。因此，厂内物料操控区主要职能就是保证零部件的快速流转，匹配生产线的需要，高效地组织投料活动。

JIT 生产管理模式起源于日本丰田公司，是一种有别于传统大规模生产的新型管理模式。随着市场竞争的加剧，市场需求以小批量、多品种、个性化、短交货为特征，导致管理越来越复杂、精细化要求越来越高、客户响应速度要求越来越快，使企业出现计划与实际生产符合度不高、供应链管控困难等问题，最终带来了高库存浪费和长交货期。丰田公司运用 JIT 生产方式，大幅缩短公司的交货期，并提高了产品品质，被各行业争相学习和效仿。于是，JIT 生产管理模式和追求准时生产、消除浪费、快速响应市场的目标，被越来越多的企业所推崇。

JIT 生产模式的基本思想是：依据需求方要求的数量、时间、地点、品种组织生产和供给，建立起供需双方的快速反应系统，通过小批量生产来降低库存，缩短生产周期，杜绝浪费，降低库存水平，从而实现生产和供给的及时性和正确性，提高企业的竞争力。JIT 生产方式的精髓是：JIT 是一种持续改善的思想体系，其重点是杜绝一切浪费，它以低成本和高质量对顾客作出快速响应，从而提升企业的竞争力。JIT 的实施过程就是对生产过程持续改善，通过消除各种浪费，提高资源利用效率，降低企业成本，提供满足市场需求的优质服务，达到增加利润及提升核心竞争力的目标。

JIT 模式是拉式生产方式，对物料配送的准时性和精确性有很高的要求。在给生产线工位投料的过程中，零部件通过 P 链、SPS、打包、排序、同步化等供货的方式实现对生产线工位的精准配送和投料，通过物料操控区的合理化运作，有效地连接零部件供应商到货和生产线投料需求。由于零部件的大小、价值等属性的差异，以及生产线装配工位和装配时间各异的特性，从物料操控区到工位一般有以下三类典型的上线方式：

（1）POP 顺序供货（JIS）。POP 供货模式，是针对运送的零部件体积比较大，在主机厂周边建厂，并且满足 POP 供货条件的供应商。POP 模式是通过主机厂的车身队列信息，即从涂装车间喷涂好的车身，通过涂装车间的编组平台编好组以后，进入总装车间传送链时，对车身队列信息进行实时采集，采集到的实时车身队列信息通过主机厂的信息系统处理成零部件队列信息，之后通过主机厂的 Portal 平台和连接专线实时地将零部件的队列信息传递给 POP 供应商，供应商根据排序指示将零部件排好序，在规定的时间内将排好序的零部件配送至主机厂对应的收货口，投料到工位。POP 顺序供货模式，可以有效地减少中间库存环节、帮助主机厂节约大量的物料操控区面积，只需要在物料操控区设置专用收货口进行装卸货作业，设置 1~2 个小时的安全库存区暂存，然后直接投料上线，可以极大地提升物流运作效率，降低物流成本。是每个主机厂都会采用的物流模式。但是由于 POP 供应商挑选的条件比较苛刻，同时受总装车间和物料操控区面积有限的限制，只有很少量的零部件符合条件。

（2）通过物料操控区编组投料。进入物料操控区的零部件占投料零件的大部分比重，因此这一部分的功能建设尤为重要，大部分零部件通过取货或者送货的方式进入物料操控区，在物料操控区，根据需要进行零件的拣选、编组、投料。

如果需要在物料操控区排序的零部件，如颜色件、外观件和部分选装件，就需要根据实时零件队列信息生成排序单，在排序区进行排序操作，然后根据投料指示投料上线。

（3）补货式或领料式。标准件和部分小件采用批量补货式或者根据消耗的领料制，这部分零件一般通用性很强，体积较小，工位的需求量比较大。采用的批量补货的方式，一次配送足够的量，并由车间进行自主管理，进行不定期的配送，这种传统的管理和配送方式更适合这部分零件的管理和使用。

目前，各合资和外资主机厂在物料操控区采用较多比较先进的零部件管理和运作方式如下：

1. P链模式（progress lane，P–Lane，进度吸收链）

P链即Progress Lane的缩写，又称为进度吸收链，是在零部件到达工厂的收货区之后存放零部件的一个区域。这个区域将验收后的零部件按时间进度存放，成为厂内物流和厂外物流的缓冲区，具有进度吸收、多回分割及物流间隔时间的调整功能。其主要的功能就是吸收批量到货的不确定性和生产线连续性消耗之间不匹配的关系，使批量的、不确定的和杂乱无章的到货，通过P链的处理，变为有序的可以满足生产线连续生产需要的零件编组队列。P链模式示意如图2–11所示。

①时间窗到货　　　　②进度吸收链缓存　　　　③直送上线

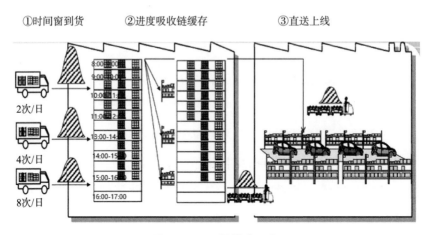

图 2-11　P 链模式示意

P 链的目的是协调内外物流间的矛盾，为投料上线环节提供多频次、小批量、均衡稳定的零部件供给，与传统的物流缓冲区相比，P 链最显著的特点是以生产时间段来划分区域，每一个区域称为一链。它把某一时间段车辆生产需要的所有零部件都放入同一链中，例如把一天的工作时间（两班设定为 920 分钟）平均分为 24 份，每 38 份为一个单位，若生产线节拍为 1 分钟，则每一链就存放该车间 38 台份零部件的消耗量。进度吸收链区域具备吸收物流运输途中不可预知的能力，同时能够对应生产的异常，可以看作内外物流之间的一个缓冲区域。缓冲的作用体现在，P 链在正常运作时始终是半满半空的状态，如果卡车晚点可以使用 P 链中的部品，不会产生欠品停线。而如果卡车早到则可以将货物搬运到 P 链中，不会造成产品的溢出。

P 链的作用主要有三类：①吸收厂外零部件到货的不确定性

和厂内零部件连续消耗之间的时间差和数量差，类似于安全库存，确保生件的及时拣选并减少物流设备数量；②分割功能根据分割链实施小批量的供给；③按生产进度供给，防止物料操控区零部件的溢出和缺货。

2. POP 模式

由于主机厂多采用混线生产，同一条生产线上生产多种车型，有一些零部件体积大、颜色多、型号多，如保险杠、仪表台总成、挡风玻璃、发动机、座椅、轮胎等，如果这些大体积零部件按照一般的物流模式全部进入总装车间的物料操控区，就需要占用物料操控区较大空间，总装车间面积是有限的，为了保证正常的生产装配，必然需要减少物料操控区零部件的占用面积，POP 模式就是解决这个问题非常有效的一种物流方式。

POP 模式就是由供应商将零部件按照进入总装车间的车身队列顺序对相应的零部件进行排序，使零部件的顺序跟车身队列顺序保持一致，并在车身到达装配工位时，零部件同时配送到生产线的装配工位旁边。由于 POP 物流是根据进入总装的车身队列顺序来向供应商发布需求信息的，供应商根据主机厂实时发布的队列信息生产、备货和配送，因此工厂只需要保持很少量的库存量。POP 模式的总体流程如图 2 - 12 所示。

由于主机厂 POP 零部件的库存非常低，为了能及时地应对和处理异常情况，缩短处理时间和响应速度，主机厂会要求 POP 供应商在主机厂周边设厂，或者在主机厂附近建立 VMI 仓库。一般要求供应商工厂或者 VMI 库房到主机厂的距离在 5~10 千米范围内，车程在 30 分钟之内。

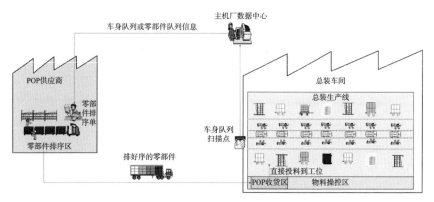

图 2 - 12 POP 物流模式总体流程

涂装好的车身通过涂装车间编组平台发出，进入总装的传送链，并且按照生产线的线速不断向前移动，车身在进入总装车身传送链后，总装车间的车辆装配顺序就基本确定下来了，总装车间的车身队列顺序基本就不会再做调整和变化。由于总装车间的生产节拍相对稳定，只需要知道进入总装传送链的车身队列信息，就可以知道该车身会在什么时间到达相应的装配工位。车身到达该工位的前置时间大于供应商的物流准备和配送时间，是评估该零件和供应商是否具备采用 POP 模式的前提条件。车身队列进入总装传送链时，对车身队列信息进行实时采集，车身队列信息通过主机厂生产系统的处理，生成各 POP 供货供应商的对应零部件的顺序需求信息，并通过主机厂的 Portal 平台和连接供应商的专线实时发布给 POP 供应商。POP 供应商根据所获得的实时零部件顺序信息进行零部件的准备，并直接在专用物流台车上排序，然后通过专用送货车辆送到主机厂总装车间的对应卸货口。在主机厂内，POP 零件到线边是通过台车交换的方式进行的，将装载排好序的零部件的台车投料到线边后，取回空台车再次进行投料。可以说 POP 模式是最精益化的入厂物流模式。但是受供应商距离和生产线物料操控区面积的限制，只能有很少一部分的零部件可以满足 POP 供货模式的严格要求，大部分零部件需要通过物料操控区的二次整备才能进行工位投料。

选择哪些供应商采用 POP 物流模式，主要从零部件的体积、总装车间物料操控区面积、零件价值、运输安全、重量、技术可靠性、投资必要性、供应商意愿等几个方面进行综合考虑。这些零部件供应商布局在主机厂周边，物流和库存成本会节省很多。表面上看是供应商距离决定了物流模式，本质上是其零部件特性决定了物流模式。

3. SPS（set parts supply）模式

汽车企业普遍采用线侧物流，即在生产线侧配置专门的货架放置对应工位所需的零部件，装配工人只需在三步之内即可拿到零部件。每箱或每包装的零部件上均粘贴有物料卡，当零部件被取走装配后，工人将空箱放入空箱回收架内。线侧货架放置的零部件数量不多，能起到缓存的作用，如果有不良的零部件，作业人员可以将不良件放在专门位置后选择下一个零部件进行装配，不至于对生产线造成影响。

线侧物流也有负面效果：线侧货架摆放在生产线的两侧，占用车间面积较大，也可能造成空箱堆积。另外，随着汽车行业竞争加剧，需要在单一生产线实现多品种多平台车型的共线生产，带来批量生产操作的复杂化，伴随新车型更换、生产变动、换班等人与器具的变化点增多而使生产线管理难度和操作难度增加。线侧物流方式组装复杂度高、变化点多，员工培训难度大，批量生产品质稳定性差，经常出现漏装错装等装配质量事故。SPS 模式可以很好地解决以上多车型共线生产带来的线边物流问题。使零部件的拣选过程和装配过程从工位旁的线侧分离，零件拣选功能分离给了 SPS 零件拣选区，装配功能保留在工位，提高装配的精确性、装配效率和装配质量，可以有效地节约线侧物流占地面积。

　　SPS 即零件成套供应，是丰田汽车准时化物流广泛应用的一种单台份成套零件向生产线配送的方式，SPS 区一般设置在邻近生产线的区域，在生产线旁边的另一块专用场地内，按照装配工位的顺序将对应工位段的零部件放置到专用的拣货区，按照装配顺序，将某一工位段的零部件的单台套的需求分拣出来，放到专用料架内，然后按照需求顺序向生产线投料的一种零部件投料方式。SPS 投料方式的运行示意如图 2 - 13 所示。

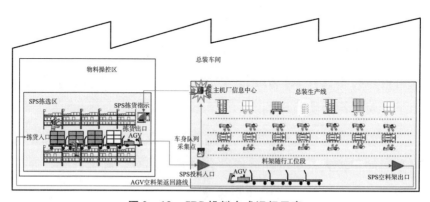

图 2 - 13　SPS 投料方式运行示意

　　SPS 在丰田汽车得到了广泛的应用，且效果明显，同时也体现了多品种混线生产的精益物流思想，实现在准确的时间将准确数量的零件送达准确的装配工位。在传统的批量投料到线侧工位的物流方式下，装配工人首先要挑选正确的零部件，然后装配，最后还要把用完的空盛具进行返回；在 SPS 物流方式下，零件挑选和空箱返回都放在 SPS 作业区，生产线装配工人只负责零件装配。传统投料方式与 SPS 投料方式的区别如表 2 - 2 所示。

表 2 - 2　　　　　　　传统投料方式与 SPS 投料方式的对比

序号	传统投料方式	SPS 投料方式
1	随着车型的增加，生产线旁料架/料盒越来越拥挤，要求器具小型化上线	适合多车型混线生产，生产线缩短，工位器具品种明显降低
2	拿取零部件来回转身，无效操作多，效率低，需要核对零部件是否正确，有时还需要拆包装	人机工程优化，包装设计优化，并简化线边的工位器具
3	工艺一旦变更或者更改，零件装配工位会发生较大变化，工位器具需要重新设计和制作	工艺和工位的变化影响比较小，工位器具重新制作或更改成本低
4	增加搬运次数和物流投料时间	降低搬运成本和物流通道的尺寸要求
5	受线边面积限制，大部分零件需要持有较大的库存应对生产需求	线侧成套 JIT 供货
6	零件信息处理量大，单据多	信息处理简单，单据量减少

　　在汽车企业运用 SPS 投料模式的优势主要体现在以下几个方面：

　　（1）上线点减少。按照车辆装配工艺和工位分组，根据工艺特点和装配要求，将工位划分成不同的工位编组，每一个或几个工位编组对应一个 SPS 的投料编组，每一个 SPS 的投料编组都只有一个投料上线点。从投料点上线，采取有动力或者无动力的方式保证 SPS 料架关联到对应的装配车辆上，跟随主线同步运行，生产线的装配工位被划分成不同的 SPS 投料编组，实现与生产线同步随行。上线点减少，整个物流路线就变得清晰简单。

（2）线旁物料面积减少。对应工位段所需要装配的零部件全部集中在 SPS 小车中，让 SPS 小车与生产线随行，线旁就不需要留存专用存储零部件和工位器具的面积，可以有效地解决由于产量提高或者车型增加而导致线旁物料面积资源紧张的问题。

（3）通道面积可削减。实现 SPS 配送方式，投料工位段的零部件都随生产线同步运行，SPS 小车的上线点和空料架的回收点之间就不需要设置零部件的投料工位，故原有的物流通道可取消或者削减。

（4）防错功能。SPS 模式取消了工人线边拣选识别物料的工作，随行的小车上，是整个工位段的零部件，零件设置了专用的放置位置不会出现错装，零件总数和该工位段装配的零件总数对应，如果装配完成后发现料车上还有多余的物料，那么必定是漏装，可及时发现和处置，及时消除异常。

（5）提高了劳动生产率。在 SPS 模式下的装配作业，装配工人不需要行走至线旁料架上分辨和拿取准确的零部件，可就近取件，减少了工人行走和识别物料的时间，提高了装配效率。

（6）不受车型限制。由于装配作业与零部件选取作业的分离，当车型变动时，装配作业者无须经过长时间的专业培训，大大减少了因车型更替引起停线造成的设备可动率损失。

4. Kitting 模式

Kit 是工具包的意思。利用 Kit 的这种理念，根据工位段的零部件装配需求，利用专门设计的周转箱，将零部件配成"工具包"，然后投料到工位旁边，装配工人将周转箱取出放到装配车辆内部或者装配线的地板链上，使周转箱随车同步前进。在取用装配箱内的零部件时，装配工不需要来回折返，这种将一个工位段的零部件成套准备的备料和装配方式，利于装配工识别和装配零部件，提高装配效率，降低供应链成本，同时达到柔性化装配，特别适应多车型共线生产的模式，可以有效防止错装和漏装。

Kitting 模式是一种齐套性的零部件投料方式，与传统的投料方式相比，有显著的差异：在 Kitting 投料的工位段内，没有生产线边工位料架。使用 Kitting 的投料方式，可以简化现场布局，节约生产线旁物流面积，提高工作场所的 6S，同时消除由于工位零部件混乱的安全隐患。Kitting 投料模式的基本流程如图 2-14 所示。

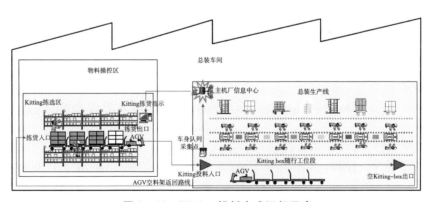

图 2-14 Kitting 投料方式运行示意

Kitting 投料模式的显著特点如下：

（1）总装线边物流占用面积变小。因 Kitting 物料配送模式基本取消了总装线边物料架的使用，因此可以缩小原本线专用工位器具占用的面积。

（2）零件拣选和装配分离，使装配简单化，降低了工人技术水平的要求，同时也降低了培训难度。在 Kitting 投料模式下装配工人只需从 kitting 专用箱中拣选出所在工位所需的物料，然后进行装配即可。

（3）装配出错率下降，产品质量上升。Kitting 投料模式可以有效避免因员工装错物料型号导致的产品质量问题。

（4）装配效率提升，无用功减少。员工不需要从装配线走向线边库拣料，减少了无用功。

（5）可以发现并纠正零件错装和漏装事故。每个零件在 Kitting-box 中设置了专门的放置位置，避免错装，并且当 Kitting－box 下线时，若还有剩余的零件，说明某工位发生了漏装失误，可以及时地进行补装。

但是 Kitting 投料模式比较适合品种多、体积不大的零部件装配，针对大体积零部件，需要选用其他的更合理的投料方式。

以上多种物料操控区先进的投料模式不是独立存在的，而是根据主机厂整体物流模式，并结合零部件的属性和装配工艺要求，在物料操控区不同的区域实现不同的功能，采取不同的组合，如 P 链 + SPS + POP、P 链 + Kitting + POP，不同的投料模式组合后共同实现主机厂的物流规划目标。

四、JIT 生产模式下汽车入厂物流普遍存在的问题

随着国产自主品牌汽车的快速发展，国产汽车产业各种设计能力、技术水平、工艺水平、装配水平、管理技术、信息化建设等方面都得到了长足的进步和发展，在学习和借鉴国外先进汽车主机厂的经验基础上，生产模式主要以 JIT 模式为主，在目前的发展阶段，汽车入厂物流环节也呈现出了一些普遍性的问题：

（1）物流规划和设计相对落后，使入厂物流的三个主要环节之间相对独立运作，协同较少，没有进行有效的整合，浪费较大。

（2）目前的主机厂零部件的入厂模式还是以供应商自主送货为主，到货批量大，厂内库存高，配送效率低，经常出现配送不及时导致的停线事故。

（3）存储区物料按供应商分类存放，拣货效率较低，拣货成本高。

（4）JIT 配送模式要求小批量、多批次的零部件配送，导致零部件拣选频率增加，周转速度加快，现有模式下零部件的配送能力跟不上主机厂线速提升的需要，生产线容易出现缺件，停线时有发生。

（5）随着客户个性化需求的发展以及多车型多品种的混线生产，使得生产线上的零部件需求更加复杂，而线边库存区面积和

存储能力有限，若按原有投料模式投料，生产线工位出现缺料等待的现象会大面积增加，停线更加频繁，需要新的物流模式来解决零部件供应和投料上线问题。

第三节　零部件入厂物流合理化分析

一、入厂物流合理化概述及合理化原则

通过以上对国产自主品牌汽车 JIT 生产模式下的汽车零部件入厂物流流程的分析，发现国产自主品牌汽车在引进 JIT 等先进的生产管理模式后，运作流程还存在一定的问题，可见对零部件入厂物流进行优化和完善是很有必要的。入厂物流系统的优化改造常常需要打破常规不断创新，并引进先进的管理方法，运用科学的管理工具，不断优化、持续改进入厂物流体系。因此，对原有入厂物流系统进行合理化分析很有必要。所谓入厂物流合理化，就是考虑入厂物流系统中各职能因素的相互影响、相互制约和相互联系的关系，将入厂物流中的运输、搬运、存储、包装、加工、装卸、配送、投料以及物流信息等一系列的物流活动和物流要素作为一个系统来研究、规划、组织与管理，使整个物流过程最优化，达到最优状态。具体来说，汽车入厂物流合理化改善的作用主要有以下几方面：

（1）减少物流费用、降低产品成本。在汽车的产品成本中，物流成本占比重非常大。而零部件入厂物流的成本占整个汽车物流成本的大部分，通过对入厂物流的优化和改善，可以提高取货、搬运、拣货、配送等物流作业效率，减少物流操作环节费用，达到降低物流成本的目的，从而有效降低产品成本。

（2）降低库存，减少流动资金积压。降低库存是汽车行业物流合理化改善的一项重要内容。在入厂物流环节各个物流节点上的零部件库存在满足生产的前提下，通过合理的库存控制策略，将供应链入厂物流环节的库存控制在一个较低的水平。据一些行业的不完全统计，制造企业的大量资金主要被原材料费所占用。一般情况下，材料费（原材料、在制品和半成品）能占到企业流动资金的75%左右。因此，降低零部件库存对减少主机厂和供应商的流动资金占用起到关键的作用。

（3）通过物流改善提高企业的管理水平。物流往往涉及汽车主机厂和供应商的各个领域。在供应链和系统理论的指导下，从供应链整体出发，对物流环节的整体优化和改善都会对企业管理水平的提高起到促进作用。库存水平会掩盖企业内部和供应链环节的诸多问题，要提高企业管理水平和供应链整体水平，需要将库存控制到较低的水平，以零库存为目标。要降低库存就必须提高物流部门的运作效率，保证零部件流动畅通，不发生断供的危险，同时要加强对生产线的管理，提高零部件配送的效率，增强零部件配送的准时性。总之，零部件库存量的降低是促进企业发展的动力。

（4）企业入厂物流合理化是供应链管理的基础。供应链管理的核心是供应链上各节点企业的相互协同、紧密合作和信息共享，要提高整个供应链的快速响应能力，需要各供应链成员具备一定的信息化水平，并且相互协同，而汽车供应链中，主机厂和零部件供应商之间的有效协同直接决定了供应链的整体水平和竞争能力。降低供应链成本，需要成员企业相互配合，协同一致，共同降低供应链库存水平。

国产汽车产业的竞争日益激烈，通过入厂物流合理化降低物流运营成本已成为企业经营成败的关键，入厂物流合理化的主要原则和方法如下：

（1）系统化原则。入厂物流系统化是指以整个入厂物流全过程作为对象，统筹规划零部件的运输、存储、搬运、流通加工、排序、打包、投料、交付等过程。随着汽车产业竞争的加剧，国产品牌主机厂已经意识到企业要获得长远的发展，不仅要降低成本，还必须及时而准确地为客户提供个性化的产品和服务。很多研究和实践表明，通过对入厂物流体系的合理化改善，可以增强企业的竞争力。

（2）价值链增值原则。价值链上的每一项价值活动都会对企业最终能够实现多大的价值造成影响。价值链分析的基础是价值，通过价值活动分析使入厂物流环节中的所有增值活动无隔阂无缝地衔接、使增值过程流动起来，而流动又是由工位装配需求拉动开始。在价值链各方相互信任的基础上，利用共享的有关信息，对整个价值链中相互依赖的物流过程进行定位、协调和优化，实现总成本最低、效率最高的入厂物流环节，使价值链上的主机厂和供应商具有共同的价值取向，取得最大的价值增值，从而实现"多赢"的目的。

（3）遵从流程优化的四项基本原则。工业工程的改进手法很多，但有一个基本改进手法叫ECRS分析法。即取消（eliminate）、合并（combine）、重排（rearrange）、简化（simplify）。通过流程分析达到缩短物流路线、减少人工消耗、对现行的物流流程进行改进的目的，同时也是对工艺方法进行优化的过程。同时可以通过流程优化消除企业所有物流环节上的不增值活动，来达到降低成本、缩短交期和改善物流服务质量的目的。

（4）信息化、数据化、自动化、智能化原则。随着信息技术、移动互联网技术和IOT技术的发展，对物流过程精细化管理和运营透明化的要求越来越高，对入厂物流过程信息的收集、反馈和控制的实时化、可视化、智能化要求越来越高。一方面作业智能化可以有效提高物流作业效率，另一方面可以节约人力成本，提高物流服务质量。车辆调度智能化、拣配料智能化、搬运过程自动化、投料自动化，通过最优化算法和自动化智能设备，实现最优线路分组，最佳运输线路指示，最佳拣配料和投料路线等，并通过先进的移动信息化技术，实现物流过程数据化，实现零部件物流运作过程的透明化。

二、入厂物流主要环节的合理化分析

物流合理化是衡量零部件物流配送是否合理的重要标志，在进行零部件入厂物流系统设计和运作时，实现合理化是基本任务。以下主要从循环取货、物流布局、存储、投料等几个主要物流环节进行物流合理化简要分析。

1. 入厂物流取货合理性分析

循环取货是有效降低供应链前端入厂物流环节的库存水平、减少厂内库存水平、节约库房面积需求、提高生产保供能力、提升物流服务质量、增强主机厂对供应链前端控制力的有效模式。推行工厂取货需要具备以下前提和原则：

（1）采购价格中物流成本的剥离。一般零部件的采购价格包括：零部件成本、包装费和物流费，物流费用的剥离，是工厂提货实施最基本的前提，包装费用可根据实际需要进行剥离；

（2）生产计划稳定，主机厂根据市场需求和工厂实际制造能力制定出月、周、日生产计划，再将之转化为生产物料的需求或送货月、周、日计划，然后第三方物流公司按计划去各供应商处取货，如果计划不稳定，经常性的变化，会增加取货的难度和成本，面临较大的生产保供和停线风险。

（3）利用"地理/物理相似性"的原理，并结合零部件的工位编组进行供应商分组，供应商分组将会影响取货路程的长度和时间，同时也决定了在一个具体的线路上所能运输的零部件体积，以及部署在该线路上的车辆数量。在确定供应商分组时，通常根据供应商位置之间的"地理/物理相似性"以及零部件的工位编组情况。

（4）利用"提货约束测试"的方法来确定供应商分组的大小，在取货线路排序前，需要确定供应商的数量，取货物流将通过"约束测试"的方法来选择供应商分组。一般约束条件包括装载体积约束、装载重量约束、到货时间窗约束等。

（5）利用"最近邻居启发式"的原理来决定线路的顺序，寻找提货最有效的供应商序列，以保证每个取货点都访问了一次，效率衡量指标包括运输成本、运输时间、运输距离等。

2. 入厂物流布局合理性分析

厂外供应商和 VMI 库房的合理布局以及主机厂内部设施的合理科学布局能有效降低供应商和主机厂内外的物流成本，为主机厂赢得成本竞争优势。零部件入厂物流布局合理化原则是使入厂物流系统能高效、低成本的运作，具体原则如下：

（1）近距离原则，近距离原则是指在条件许可的情况下，尽量使供应商和 VMI 库房以及厂内零部件移动距离缩短，以减少运输和搬运操作。

（2）尽量避免迂回和倒流原则，在进行供应商和 VMI 以及厂内设施布局设计时，应进行合理化分析，尽量避免迂回和倒流的现象。

3. 入厂物流存储合理性分析

虽然国内主机厂多学习和采用国际先进的 JIT 生产和配送模式，追求零部件的零库存，但是离实现零库存还有很大的差距，多数主机厂仍然需要维持较高的零部件库存来满足持续的生产需要，以持有一定量的库存来应对生产过程中出现的异常情况和生产计划的波动。因此，在目前的发展阶段，库存是有重要意义的，但是为了追求较低的库存水平，一步一步实现零库存，需要对库存进行优化，优化的原则如下：

（1）供应链库存进行整体设计和优化原则，将供应商的库存，主机厂厂内的库存进行整体设计和优化，目标是实现整体最优，而不是局部库存最优，主机厂不能盲目地追求所谓的零库存，把大量的库存从厂内物料操控区转移到厂外供应商和VMI仓库中，表面上实现厂内的零库存，但是库存全部堆积在供应商处，并没有真正实现供应链库存的整体优化。

（2）减少厂内物料操控区和生产线边库存，加快零部件周转速度，采用合理的物流上线模式，实现物料操控区和生产线的实时联动。

（3）信息透明化原则，以信息化的手段减少信息不对称造成的高库存，利用信息系统和信息共享技术，实现供应商和主机厂的库存透明化，实现实时库存管理。

4. 入厂物流投料合理性分析

入厂物流投料是指根据车间生产线零部件的装配需求，在适当的时间对生产线各工位进行适当数量的零部件配送。在JIT生产模式下，其物料配送要根据JIT生产的特点来进行。JIT生产方式的主要目标是库存量最低、准备时间最短、批量小、生产提前期最短等七个目标。JIT生产管理方式下，对物料配送方式提出了更高更快更及时的要求。为实现JIT生产的管理目标，需要一系列配套的物流模式，实现准确、准时地投料，一般的紧密配合的投料模式有POP模式、SPS模式、P链模式和Kitting模式，多数情况下是多种物流模式的组合来共同实现JIT投料，从而达到减少库存积压，减少资金占用的目的。入厂物流投料合理化的目标一般可以概括为通过配送作业的合理化改善，提高服务水平，提高拣货和配送效率，降低配送成本，保证所供物料的质量。

第四节　本章小结

　　本章首先对国产自主品牌 JIT 生产模式下的零部件入厂物流模式进行了详细研究，研究了目前应用比较广泛的四种典型物流模式，然后对入厂物流的三个主要物流环节：循环取货环节、物料操控区环节和投料上线环节进行了深入研究，对每个环节存在的问题进行了梳理，最后总结归纳出在 JIT 生产模式下，国产自主品牌主机厂零部件入厂物流普遍存在的主要问题。之后，提出了零部件入厂物流合理化应遵循的原则，对入厂物流各主要环节进行了合理化分析，为下一章节做好铺垫。

第三章

工位编组驱动的零部件入厂
物流配送模式设计

为解决现有汽车零部件入厂物流存在的问题，本书提出了一种新的汽车零部件入厂物流配送模式：工位编组驱动的零部件入厂物流配送模式（work station-marshalling-driven automotive inbound logistics mode，WSMDM）。WSMDM 是汽车制造业 JIT 生产模式中零部件入厂物流模式的一个演进方向，是拉式生产方式在入厂物流精细化运作层面应用的一个重要的方法。WSMDM 的核心思想是以工位零部件装配需求为中心，根据总装生产线的工艺路线、生产计划和工位特点，将零部件组成不同的投料编组，形成精细化的零部件拉动指示，即工位编组拉动指示，通过投料编组指示拉动物料操控区的零部件整备，为提高物料操控区的操作效率，物料操控区需要结合编组投料特点，形成快速响应生产线投料需求的布局方式，同时采用适当的零部件操控模式提高零部件操控效率，为保证生产线零部件供应的控制力度，需要采用全面循环取货的方式，将主机厂的控制范围延伸到供应商，并利用工位编组的拉动信息重新设计和优化循环取货的供应商分组和取货线路,使得部分零部件在取货时就按照投料编组取货,使该部分零部件到达厂内操控区就具备直接上线投料的条件;对于取货车辆上未完成编组的零部件,在物料操控区快速完成投料编组的整备,快速地投料上线,实现"所取即所需,到货即可投"的精益化目标。

第一节 工位编组驱动的零部件入厂物流配送模式

一、WSMDM 物流模式结构及内涵

WSMDM 是以生产线工位装配需求为中心,以工位投料编组的成组化需求为导向,将取货、厂内物料操控和投料三个关键环节进行系统优化,并通过工位编组驱动思想将入厂物流系统和生产系统进行系统性优化和整合,实现零部件批量到达,高效分零的成组投料,使入厂物流运作更加精细化,实现"取货即所需,到货即可投"的精细化运作目标,最终使零部件入厂物流系统精准服务于生产线的装配需求。

工位编组驱动的零部件入厂物流配送模式结构如图 3-1 所示。

工位编组驱动的核心思想	目标	通过"工位编组信息"的拉动，打造精细化入厂物流体系，实现"取货即所需，到货即可投"的目标			
	工位编组驱动	Milk-run取货变革	工位编组驱动供应商分组	工位编组驱动取货线路分组	取货车辆上实现编组及编组调整
		厂内操控区变革	按总装生产工艺布局厂内操控区	操控区采用包围式的制造/物流一体化布局	
实施路径及拟解决的关键技术问题	运营中的优化	正在运营工厂的WSMDM优化路径			
		总成本约束下，考虑鲁棒性的入厂物流优化			
	新规划优化	取货和操控区环节直接采用工位编组驱动			
		取货、库容和投料的集成优化，实现总成本最优			
支撑体系	主机厂物流管理职能变革	匹配的物流运营主体	物流内部和外部的协同	物流信息平台建设	

图 3 - 1   工位编组驱动的零部件入厂物流配送模式结构

本章将重点研究 WSMDM 在两种典型的应用场景下的优化路径以及优化中需要解决的关键技术问题。最理想的应用场景是新建工厂的规划阶段就应用 WSMDM 思想，进行入厂物流的整体规划，将工位驱动的思想贯穿循环取货环节和物料操控区环节，并对各种支撑体系进行同步建设。需要解决的关键技术问题是：取货、厂内物料操控区和投料的集成优化，实现入厂物流总成本最优。但是现实情况是所有的汽车主机厂都有大量的工厂在运营，如何将这些运营中的工厂按照 WSMDM 进行优化，就是非常关键的问题了，并且能有效地解决优化中的关键技术问题。所以第四章将重点研究运营场景下的优化路径以及解决优化中的关键技术问题：在总成本最优的约束下，实现鲁棒性的入厂物流优化，即在主机厂需求波动的情况下，综合权衡管理难度，运输成本和仓储成本。第五章将重点研究理想应用场景下入厂物流最优化的关键技术问题：系统性的集成和优化取货、厂内物料操控和投料，实现入厂物流总成本最优。

运营场景和全新工厂的理想场景两种典型的应用场景下，不同的优化路径和分别需要解决的关键技术问题如下：

（1）对于运营场景下的工位编组驱动的优化分为两个阶段，每个阶段需要解决的关键技术问题如下：第一阶段的优化重点：优化厂外零散的 VMI 仓储体系，形成一个集中、统一的 VMI 库房，并实施全面的工厂取货模式，对现有的零部件库存体系和运输体系进行优化升级，为实现工位编组驱动的精细化物流模式打好基础。本阶段的优化中需要解决的关键技术问题是：在运输和仓储总成本最优的约束下，寻找并实施鲁棒性最好的物流执行方案，以有效应对物流需求波动导致物流执行方案的频繁变更，减少运营和管理成本，降低管理难度，本章将重点解决这个关键技术问题。第二阶段再按照工位编组驱动的入厂物流模式进行循环取货环节和物料操控区的工位编组驱动优化，并对物料操控区和信息系统进行优化。

（2）对于全新场景下新工厂工位编组驱动的物流模式的最优化相对简单：新工厂的规划阶段直接按照工位编组驱动的精细化物流模式对入厂物流系统进行规划和设计。理想应用场景下实现最优化需要解决的关键技术问题是：在稳定的零部件工位编组需求的驱动下，如何将循环取货环节、厂内操控区环节和投料环节进行集成优化，实现取货成本、物料操控区成本及投料成本的总成本最优。

工位编组驱动的零部件入厂物流配送模式（WSMDM）的运作如图3-2所示。

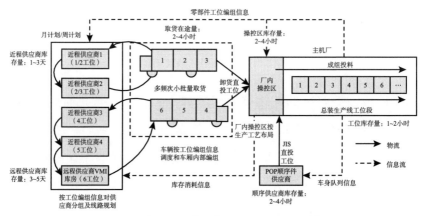

图3-2 工位编组驱动的零部件入厂物流配送模式运作

WSMDM根据装配工艺、零部件的包装属性对工位零部件进行投料编组，再将投料编组的需求传递至物料操控区，在物料操控区按照投料编组的整体编组要求进行零部件投料编组拣选和整备。为提高物料操控区的作业效率，降低物料操控区的占用面积，按照生产线的装配工艺对物料操控区进行布局和管理，物料操控区布局跟生产线工艺一一对应，加快物料操控区的零部件拣选和投料效率。

为了进一步减少物料操控区的编组作业量，提升物料操控区的作业效率，要求进入物料操控区的零部件部分实现编组状态，使进入物料操控区的小部分零部件按照投料编组顺序到达，使其到达物料操控区后可以立即投料上线。大部分零部件尚未到达物料操控区就处于可直接投料的编组状态，需要在物料操控区进行快速的二次编组整备，基于此需要对入厂物流中供应商到主机厂这一段的物流运作进行系统性规划和设计，采取匹配的物流方式实现取货过程中就进行编组。推行全面工厂取货模式是解决该问题的有效手段，但是传统的工厂取货模式不能满足工位编组驱动物流模式的需求，要采用基于工位编组驱动的思想对循环取货流程、供应商分组和取货线路进行重新设计，使工位编组驱动的思想贯穿供应商到主机厂工位的整个入厂物流环节。

工位编组驱动的零部件入厂物流模式可以使入厂物流各环节的库存降到较低的水平，车间工位的物料库存时间2~4小时，厂内物料操控区的库存时间2~4小时，小批量多频次循环取货的取货车辆单次取货的货量时间2~4小时，循环取货体系内的近程供应商厂内安全库存时间1天，远程供应商进入集中管理的VMI库房，进行统一管理和调配，库存水平控制在1~3天，主机厂周边的POP顺序件供应商根据车间生产队列以JIS直投工位的方式进行供货，POP顺序件供应商厂内库存控制在4小时。实施工位编组驱动的精益化的入厂物流模式，可以系统性优化零部件入厂物流的库存水平，显著降低供应链库存成本。

工位编组驱动的零部件入厂物流模式全过程通过实时的物流信息驱动，主机厂的投料编组信息，线边库存信息，实时传递给物料操控区、物流服务商和供应商，使供应链前端的入厂物流环节的信息实现透明化和可视化，减少信息不对称导致的高库存和无效作业，减少浪费。

基于以上对工位编组驱动的物流模式的分析，工位编组驱动的零部件入厂物流配送模式（WSMDM）的内涵主要包括以下几个方面：

（1）WSMDM 是一种 JIT 生产模式下的精益物流模式。

（2）WSMDM 是包括了从供应商到主机厂、厂内物料操控以及投料上线三个主要入厂物流环节的整体优化，以工位编组驱动的思想，将入厂物流系统和生产系统进行系统性优化和整合。

（3）WSMDM 是一种典型的精细化的拉式物流模式，拉动需求源于工位投料编组需求，按照工位编组的拉动需求，进行物料操控区的功能进行设置，以工位编组投料需求为导向，对物料操控区的零部件进行布局和编组，零件存储方式跟生产线需求匹配，提高零件拣选和投料效率，并且将工位编组的拉动需求传递到供应商环节，对循环取货按照供应商编组进行重新设计。提高到货零部件的快速投料和周转效率。

（4）WSMDM 是一种解决零部件批量到达，按照工位编组分零成组投料的一种高效的入厂物流模式。通过合理的物料操控区的功能设计，采用 POP、P 链、SPS 等匹配的零部件上线模式组合，解决物料操控区多车型混线生产的操控压力，提升多车型混线生产的服务能力；同时可以有效提高厂内物料操控区单位面积的服务能力，解决厂内物料操控区面积有限的物理件约束，满足主机厂不断提升产能的需求。

（5）WSMDM 是一种对厂外供应商供货体系重新整合和整体

优化的模式，对新工厂，采用供应商在工厂周边集群式布局策略，减少供应商的配套半径，通过全面推行基于工位编组的循环取货模式，有效地降低入厂物流成本；对于运营中的工厂，远程供应商采用在主机厂周边 5 千米范围内的 VMI 库房集中管理，并作为远程供应商的提货点，与近程供应商一起全部纳入全面循环取货的体系，进行整体的优化和设计，降低入厂物流成本，即厂外供应物流采取 Milk-run 和 VMI 相结合的混合的厂外供应物流模式。

二、WSMDM 与传统物流模式的对比

WSMDM 与传统物流模式的对比如图 3 - 3 所示，相比传统的物流模式，WSMDM 模式最大的改变如下：

（1）优化物流环节：减少了功能重复设置的 RDC 环节；

（2）工位编组驱动的循环取货：供应商直送变为工位编组驱动的小批量循环取货，取货供应商的分组和取货线路的设计基于工位编组的驱动，由主机厂统一管控，具体运营委托给专业的第三方物流公司；

（3）统一管控的 VMI 库房：集中统一管控厂外分散的 VMI 库房，是远程供应商的取货点，由主机厂统一管控，具体运营委托给专业的第三方物流公司；

（4）操控区按照总装工艺布局，物料操控区持有较低的安全库存量（2 小时），投料准备环节在物料操控区完成，主要功能为快速编组，快进快出；

（5）按工位编组进行投料，物料操控区按照工位编组要求，对即将投料的零部件进行编组，编号组的投料编组根据生产线信息及时投放到装配工位。

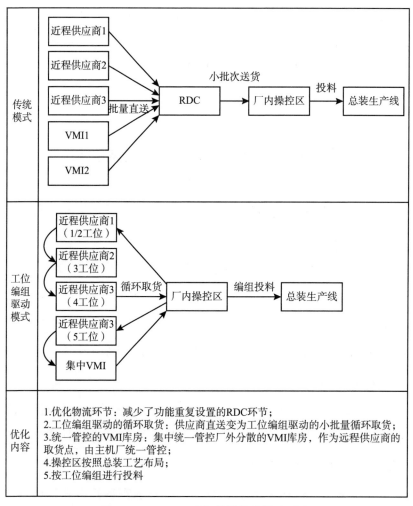

图 3-3　WSMDM 与传统物流模式对比

三、WSMDM 特征

基于以上对 WSMDM 的分析，工位编组驱动的物流模式的特征比较典型，具体如下：

1. 整体性

汽车入厂物流是由主机厂、供应商和物流服务商共同参与和共享利益的系统，要实现高度集成的物流、信息流和资金流，主机厂、供应商和物流服务商之间需要相互协作，发挥各自的核心优势使入厂物流价值链增值。WSMDM 物流模式使得每一个节点企业的伙伴关系建立在共同利益基础上，形成一个整体，达成互利共赢的目标。

2. 精益性

WSMDM 是服务于 JIT 精益生产而设计的一种精益物流模式，通过小批量多频次的提货实现供应链入厂物流环节的低库存，并且通过"取货即所需，到货即可投"的设计理念，以工位编组驱动为工具驱动物流，提高取货和投料效率，提高物料操控区的服务能力，降低供应链的成本，提高供应链的竞争力。

3. 复杂性

汽车组装工艺复杂。为满足市场的个性化和定制化的发展趋势，主机厂采取多车型混线生产方式来解决，采用大批量自动化生产方式，生产技术自动化程度高，集合了许多领域的新技术、新工艺、新材料和新设备。生产工艺越来越复杂，物流服务也会随之变得更加复杂，需要新的模式、方法和技术来应对。

4. 目的性

WSMDM 物流模式是服务于汽车供应链整体目标的，即零部件入厂物流系统是以满足生产系统的需求为目标，并且通过优化使物流系统和生产系统更加有效地结合，提高汽车供应链的响应速度、降低成本，提升供应链的整体竞争能力。

5. 动态性

因市场需求的不确定性和市场竞争的多元性，为适应外部市场环境的需求，需要保持入厂物流体系的先进性和持续的更新，WSMDM 物流模式可以使汽车零部件入厂物流形成一个动态的和实现持续发展的系统。

6. 环境适应性

WSMDM 是一种 VMI 模式和 Milk-run 模式的混合物流模式，兼具两种物流模式的特点，既可以有效地扩大多品种小批量的客户定制化需求，又能通过 VMI 的模式解决市场需求波动，有效地满足市场变化，不仅提升了主机厂适应市场环境变化的能力，同时也提高了主机厂的竞争能力。

四、WSMDM 的核心价值

1. 基于价值链增值的再设计，降低库存，减少浪费环节，实现入厂物流成本的系统最优化

基于价值链增值的原则对入厂物流的运输、仓储、配送和投料环节进行整体设计和优化，将原有的分散的 VMI 库房进行集中，形成统一的大 VMI 中心，对远程供应商的库存进行集中管

理，通过集中库存方式，减少库存成本，进而提高整个供应链的整体绩效，从而保证了其稳定性，因为它是基于减少需求信息扭曲，从供应本身出发实现降低供应商过多的安全库存的目的。通过 Milk-run 的循环取货模式，对主机厂周边的供应商进行循环取货，降低周边供应商的库存量，提高生产保供能力，提升入厂物流的稳定性；并且通过优化整合将原物流模式中 RDC 环节和物料操控区的重复功能进行合并，减少 RDC 环节，采取 VMI 直送物料操控区的方式，消除 RDC 环节，有效地降低入厂物流成本。以价值链增值为原则，通过 WSMDM 模式的三个优化组合，有效地降低零部件入厂物流的库存水平，提高供应链稳定性，降低物流成本。

2. 基于时间竞争的重要手段

在产品加速更新换代，市场需求快速变化的时代背景下，时间已逐渐成为生产企业获得竞争优势的重要因素。在 WSMDM 模式的运作体系中，多种信息技术和管理工具支持下，供应商的零部件通过 WSMDM 模式进行匹配以后直送生产工位，在保证零部件准时供应基础上，快速地响应市场需求，给主机厂带来基于时间的竞争优势。

3. 降低入厂物流供应不确定性的有效方法

在汽车零部件入厂物流运营过程中，入厂物流的各种风险主要是由三大不确定性造成的：市场需求的不确定性、物流过程的不确定性和设施设备、人员的不确定性三个方面。WSMDM 模式从供应环节的企业之间的衔接和供应系统运作两个方面减少了供应过程的不确定性。

首先从供应环节企业之间的衔接看，通过 VMI 和 Milk-run 的混合物流模式，可以建立远程供应商的合理的库存应对远程供货的不确定性，通过全面推行循环取货，减少取货点到主机厂取货段的不确定性，通过 WSMDM 模式中合理的上线投料方式，控制厂内物料操控区到生产线工位的不确定性。

其次是从供应系统的运作可靠性看，一方面，WSMDM 模式从多方协同技术出发，将主机厂、供应商、物流服务商三者形成一体化，多维度地协同供应商与主机厂、供应商与物流服务商，以及主机厂、供应商和物流服务商的管理运作，通过一体化运作，减少由于需求波动以及信息不对称等众多因素造成的供应过程的不确定性。另一方面，利用质量链的思维对整个入厂物流环节零部件质量实行了全面的质量控制和追溯，从供应商开始一直到投料上线的每个环节进行监控，从而保证了整个入厂物流环节零部件质量的可靠性。

第二节　WSMDM 的支撑体系

WSMDM 的有效运行需要有相应的支撑体系，支撑体系主要包括：工位编组驱动下循环取货的重新设计、工位编组驱动下物料操控区的重新设计、物流管理组织职能变革、物流运营主体，以及支持整个流程运行的信息管理和传输平台。

一、工位编组驱动下的取货物流流程设计

工位编组驱动下的取货物流模式的设计和实施是实现 WSMDM

模式的关键环节，取货环节是有效解决从供应商到主机厂零部件合理流动的关键，是零部件入厂物流成本构成的主要环节，同传统的取货模式最大的区别在于取货供应商的分组和取货线路的设计都是以工位投料编组驱动，因此对取货环节的设计尤为重要，取货环节的设计在 WSMDM 模式整体目标的前提下，遵从如下基本设计理念：高质量、低成本、及时、信息化、安全。在入厂物流各环节的 Q（质量）、C（成本）、D（交货期）、M（管理）、S（安全）几个方面的全面优化，并达成以下主要目标：①在取货时实现编组；②严格控制成本；③提高车辆满载率；④标准时间原则；⑤包装容器标准化；⑥过程信息化、透明化。

工位编组驱动下取货物流模式的设计基本程序如图 3-4 所示，从主机厂锁定的生产计划开始，先分解出日生产计划，并根据日生产计划计算出每个零部件的日需求量，结合工位投料编组的分组情况，对供应商进行划分和编组，形成取货编组，结合数学优化模型的运行结果，设置零部件的单次取货批量、取货线路、取货车型，最后进行资源的准备和相应的协调工作。

工位编组驱动下的取货物流详细设计步骤如图 3-5 所示，详细的设计先从供应商实地调查开始，通过对供应商的生产、物流实施、人员等要素进行评估，同时对供应商的地图位置进行标注，再根据分解出来的供应商零部件的日需求量和零部件的投料编组，对取货的区域进行划分，并与供应商就取货订单信息、取货时间和取货周期进行确认，再根据数学优化模型的运行结果，设置零部件的单次取货批量、取货线路、取货车型，最终确定匹配出来的零部件时间模式，经主机厂物流主管部门确认后，将确

定版的取货计划更新到取货信息系统，按照时间进度进入取货执
行阶段。

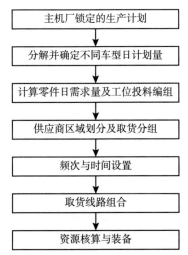

图 3-4   工位编组驱动下循环取货设计的基本程序

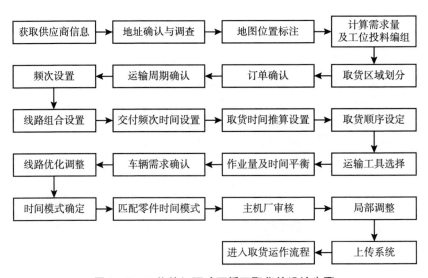

图 3-5   工位编组驱动下循环取货的设计步骤

二、工位编组驱动下的物料操控区布局设计

物料操控区是入厂物流的一个关键环节，是连接厂外物流和总装生产线的枢纽，起到零部件缓冲、暂存和投料前的整备。在传统物流模式中，物料操控区主要作用是投料整备，是零部件配送中心在生产线旁的一个服务区。随着生产技术的进步和发展，物料操控区的功能、作用和内部的布局也随之发生变化，传统物流模式下，物料操控区和生产线是有物理距离的，主要采用物理隔断式布局，功能上是有严格区分的；工位编组驱动的物流模式下，采用包围式布局，形成一体化布局，物料操控区布局在生产线的周围，将总装生产线包围其中，使物料操控区和生产线融为一体，大幅缩短投料距离，提高投料效率，有效降低投料的成本。工位编组驱动模式下的物料操控区布局和传统布局的对比如表 3 - 1 所示。

表 3 - 1　　　　　　　工位编组驱动下物料操控区布局对比

阶段	操控区布局	详细布局思路	优缺点
早期阶段	分离式布局	按零件品种和供应商布局	库存高 拣货慢 成本高
过渡期	物理隔断式布局	按零件品种和供应商布局	库存高 拣货慢 成本高
未来主流	制造/物流一体化的包围式布局	根据工艺流程布局	库存低 拣货快 成本低

　　根据主机厂对物流重要程度逐步认识的过程，物料操控区的建设经历了一个在实践中逐步发展的阶段，在运作和日常管理中深刻认识到物流的重要性和物流合理布局的重要性。早期对物流的规划主要集中在独立物流功能的建设和规划，模仿国外先进的汽车主机厂，设置了基本相同的物流功能区，如物料操控区，但是由于对物流理解程度有限，将物料操控区和总装生产线进行了物理上分开设置或者设置了物理隔断，使物料操控区和总装生产线形成两个独立的物理区域，发展过程如图 3 - 6 所示。

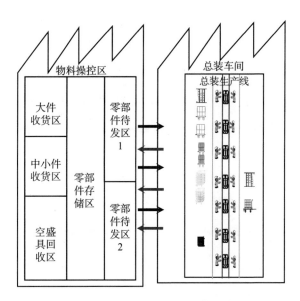

图 3 - 6　物料操控区空间分离式布局

　　主机厂早期设置的物料操控区，同总装车间有空间距离，由于物料操控区和总装车间质检有空间距离，需要根据距离远近采用不同的转运工具，距离远需要采用卡车转运，距离近可以采用

牵引车、牵引料架或托盘车转运。这种空间距离式布局问题比较
明显：转运成本高，生产线响应不及时，物流线路复杂，物流功
能重复，配送效率低下，导致出现很多的物流运营问题。

这个阶段物料操控区和总装车间空间距离式的布局在实践
过程中的问题比较多，逐步地进行小的改良和优化，形成了如
图 3-7 所示的物理隔断式布局，将物料操控区和总装车间连成
一片，在同一个厂房中设置不同的功能区，但是物流区域和生产
线仍然是泾渭分明，采用物理隔断的方式进行隔断，虽然有效地
解决了因为物料远距离转运导致的问题，但是物流功能区的设置

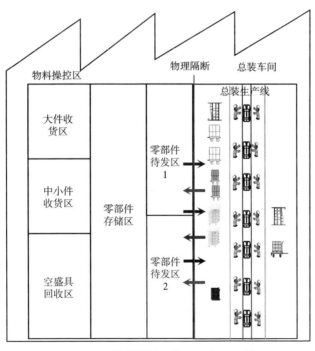

图 3-7　物料操控区物理隔断式布局

还是没有跟生产线需求融为一体，配送布局不合理，响应速度慢，操控区内的传统布局方式不能有效地服务于工位需求。

传统的物料操控区内的布局是按照物流的功能模块进行粗放地划分，优先考虑的是具备各项物流功能，以各项物流功能顺畅运行为主要建设和设计目标，并没有重点考虑各物流功能之间的有机协调。传统的物料操控区内典型布局如图 3-8 所示。

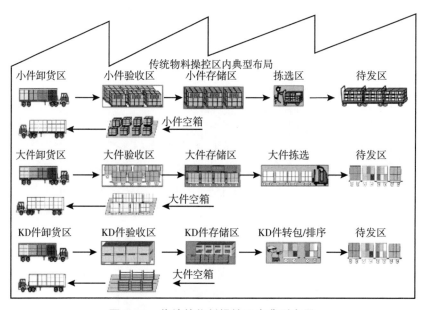

图 3-8　传统的物料操控区内典型布局

这种传统的功能型厂内物料操控区布局是基于局部最优化的思想进行设计的，以实现某个物流环节内部的局部最优化，没有从入厂物流全局最优的角度进行设计，虽然在功能上满足了流程需要，在物料操控区内部的局部环节实现了最优化，但是从入厂物流系统的角度来看，这种传统的布局方式存在较多的问题，集中表现在不合理的布局，导致了物流效率低下，物流成本高，不能有效地支持生产线的多平台/小批量混线生产的快速响应和产能提升。而工位编组驱动下的入厂物流模式的整体设计和优化思想可以有效地解决以上问题。工位编组驱动下的入厂物流模式对入厂三个主要环节进行整体设计，基于生产线工位编组的投料需求进行逆向设计，为了更好地让物料操控区服务于生产线的工位投料需求，工位编组驱动下的物料操控区和总装生产线采用包围式布局方式，物料操控区将总装生产线从外部包裹起来，根据不同工位段的零件需求，就近设置不同功能的零件操控方式，将POP、SPS、Kitting、P 链进行有机结合，将物料操控区和总装生产线形成一体化的物流设计。工位编组驱动下的物料操控区包围式布局，如图 3 – 9 所示。

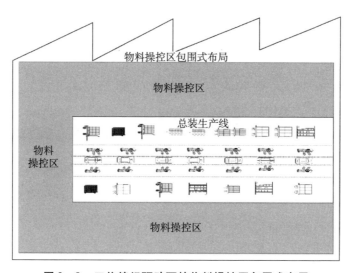

图 3 – 9　工位编组驱动下的物料操控区包围式布局

工位编组驱动下的物料操控区包围式布局中，为了更好地对取货到物料操控区的零部件进行高效的分组，引入了物料操控区最先进的 P 链、SPS、Kitting 技术，通过合理的规划和设计，让零部件批量进入物料操控区后，能快速地完成按照工位投料的编组，并且能快速地投料到生产线工位。工位编组驱动下物料操控区内部的详细布局如图 3-10 所示。

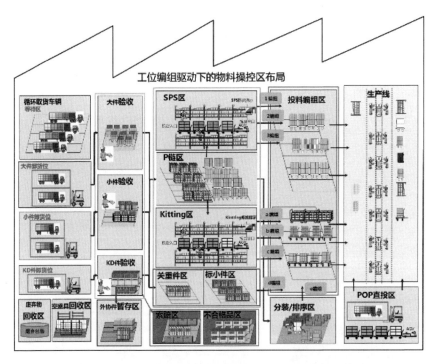

图 3-10　工位编组驱动下物料操控区内部布局设计

三、WSMDM 下组织职能变革

WSMDM 的运营主要涉及两个方面的问题，一方面是主机厂内部的物流组织职能的划分和归口管理问题，另一方面主要是物流的运营主体问题，即谁来管和谁来做的问题。本节主要研究和解决 WSMDM 模式下的物流组织职能变革问题。

由于国内汽车物流专业化管理起步较晚，对物流组织的整合和物流管理职能的划分还处于发展阶段，传统物流模式下物流管理职能分散在不同的职能部门，虽然成立了物流部，但是由于工厂内部的权力博弈以及历史遗留的管理惯性，物流部还不能有效地行使统一的管理权限。在这种情况下，入厂物流环节涉及的订单管理、货物跟踪、供应商绩效考核、运输管理、物料操控管理、投料管理等物流职能分散在采购部、物流部和制造部。直接导致了主机厂内部物流统一协调困难，难以从供应链层面对运输、库房管理和厂内物料操控进行整体优化，也是导致目前传统物流模式下运营效率低、运营成本高的根本原因。主机厂虽有改变的意愿，但是落实困难。传统物流模式下物流职能、运营主体和职能管理现状如图 3 – 11 所示。

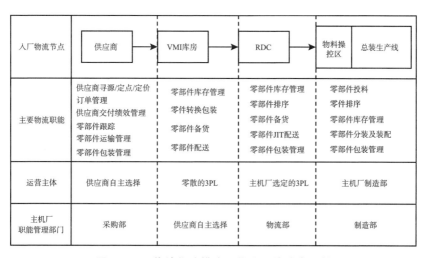

入厂物流节点	供应商	VMI库房	RDC	物料操控区　总装生产线
主要物流职能	供应商寻源/定点/定价 订单管理 供应商交付绩效管理 零部件跟踪 零部件运输管理 零部件包装管理	零部件库存管理 零件转换包装 零部件备货 零部件配送	零部件库存管理 零部件排序 零部件备货 零部件JIT配送 零部件包装管理	零部件投料 零件排序 零部件库存管理 零部件分装及装配 零部件包装管理
运营主体	供应商自主选择	零散的3PL	主机厂选定的3PL	主机厂制造部
主机厂 职能管理部门	采购部	供应商自主选择	物流部	制造部

图 3 – 11　传统物流模式下物流职能分布现状

在 WSMDM 物流模式中，对主机厂物流管理职能的优化是从入厂物流整个系统的角度进行分析和优化，将物流规划、运输管理、供应商入厂物流绩效考核、零部件跟踪、厂外 VMI 库房管理、厂内物料操控区管理、投料管理职能统一由物流部负责，由物流部进行集中管理和协调。WSMDM 物流模式下物流职能划分如图 3 – 12 所示。

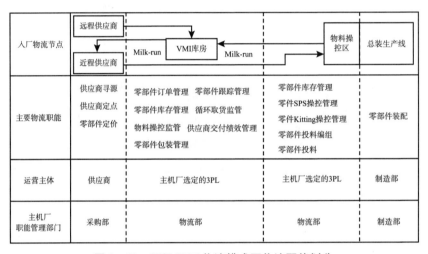

入厂物流节点	远程供应商 近程供应商	Milk-run	VMI库房	Milk-run		物料操控区	总装生产线
主要物流职能	供应商寻源 供应商定点 零部件定价	零部件订单管理 零部件跟踪管理 零部件库存管理 循环取货监管 物料操控监管 供应商交付绩效管理 零部件包装管理				零部件库存管理 零件SPS操控管理 零件Kitting操控管理 零部件投料编组 零部件投料	零部件装配
运营主体	供应商	主机厂选定的3PL				主机厂选定的3PL	制造部
主机厂职能管理部门	采购部	物流部				物流部	制造部

图 3 – 12　WSMDM 物流模式下物流职能划分

四、WSMDM 运营主体

因不同的运营主体会直接影响到 WSMDM 物流模式的运营效果，所以 WSMDM 运营模式需要研究的另一个重点问题就是运营主体：由谁具体负责 WSMDM 物流模式的运营。对物流运营主体进行研究的学者比较多，多是从物流发展阶段来进行分类和研究，汽车物流主要经历了四个典型的阶段：功能服务阶段（Logistics Service Provider，LSP）、第三方物流服务阶段（Third – Party Logistics，3PL）、领导型物流合作伙伴阶段（Lead Logistics Provider，LLP）、四方物流服务阶段（Forth – Party Logistics，4PL）。其中功能服务阶段是自营物流和功能性外包的初级阶段，国内汽车物流的发展基本上经历了功能服务阶段，部分已经进入了第三方物流（3PL）的增值物流服务阶段或者更高的发展阶段了。本小节将对国内汽车行业普遍采用的不同运营主体进行比较和分析，确定一种适合 WSMDM 物流模式的运营主体。

如表3 - 2所示，通过对目前在国内汽车物流中不同物流运营主体的对比分析，LLP 作为运营主体具有明显的优势，符合现阶段汽车物流的实际需求。

表 3 – 2　　　　　　　　　　物流运营主体对比

物流运营主体	主要特征/优缺点	代表性主机厂	代表性物流公司
主机厂	自主经营和管理 对物流的掌控力强 在非核心业务上投入资源太多，不利于专业化发展	吉利汽车	功能性物流公司： 仓储公司/运输车队
3PL	服务领域专一，但具备较强专业性和操作运营能力	一汽、上汽	一汽陆捷 一汽国际物流 上海安吉
LLP	既拥有 3PL 的实际物流业务操作能力，同时又具备 4PL 的协调、设计、整合和优化能力	长安汽车 长安福特	长安民生物流
4PL	战略合作关系 知识管理和高度信息化 高度灵活与高效 资源整合	未来发展趋势	菜鸟网络 亚马逊

LLP领导型物流服务模式最早由福特公司提出，该模式主要解决分散外包给不同专业物流公司之后，会导致主机厂对外包方管理困难，管理难度大的问题。LLP被定义为：汽车主机厂将其供应链中所有的物流业务（入厂物流、出厂物流、售后物流）整包给一家第三方专业物流公司，该3PL公司作为物流服务的LLP，通过LLP整合其他专业性物流公司、3PL以及社会物流资源，形成全国乃至全球的专业化的物流服务网络，为主机厂提供专业的定制化的物流服务。LLP可以对主机厂的物流业务有选择性地分包。LLP物流服务模式是介于3PL物流模式和4PL物流模式之间的一种服务模式，既具备3PL的专业物流操作能力，又具备4PL的供应链设计能力和资源整合能力，具备一体化服务能力。LLP模式下，LLP企业跟主机厂的战略关系稳定，按照主机厂的发展战略进行物流能力规划和建设，同时可以承担主机厂在物流领域的投资功能，以LLP作为运营主体，可以较好地匹配WSMDM模式对物流精细化运营的需求，由LLP负责WSMDM运营的模式如图3-13所示。

4PL是指"一个供应链集成商管理组织和调集自己的以及具有互补性的物流服务提供商的资源、能力和技术，以提供一个综合的供应链解决方案"。4PL的运作本质和核心优势在于它对供应链资源的整合能力方面，以弥补3PL在资源调度、战略规划、集成技术、综合技能、能力拓展等方面存在的局限性。

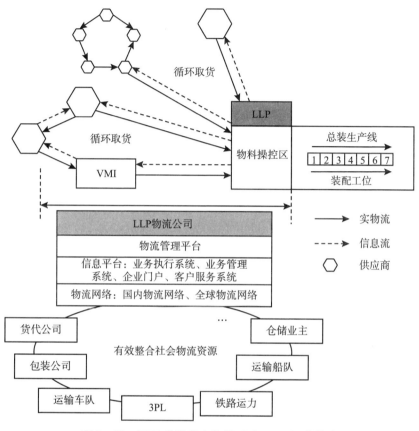

图 3 - 13　LLP 为运营主体的 WSMDM 运营模式

　　4PL 是以供应链整合为目的的一种现代物流运作方式。第四方物流的特点决定了它具备协同不同 3PL，并为客户制订针对性方案的能力。4PL 可以根据客户的需求制订配送方案，最终达到客户、3PL 以及 4PL 多赢的目的。由 4PL 负责 WSMDM 运营的模式如图 3 - 14 所示。

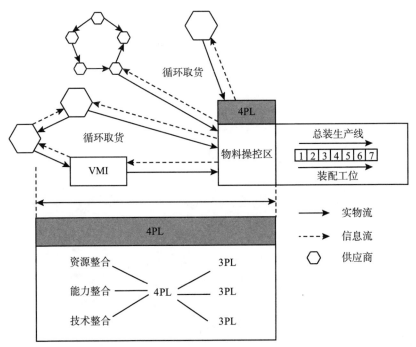

图 3 – 14   4PL 为运营主体的 WSMDM 运营模式

五、WSMDM 物流协同模式

前面小节的内容研究了 WSMDM 物流模式下由主机厂的什么部门来对物流进行管理和运营主体的问题，但是 WSMDM 物流模式下，由主机厂的一个部门或者某个主体独立运营是不能达到 WSMDM 物流模式的理想目标的，在管理和运营中需要主机厂内部多个部门的协同，以及在运营过程中需要供应链成员之间的协同才能实现运营目标。

信息技术发展极大地影响着物流实践，物流组织结构正在发生着变化，在信息系统的支撑下，以过程管理为导向的管理方式在物流的运营中越来越重要，WSMDM 物流模式就是以过程为导向进行设计的，在 WSMDM 物流模式下主机厂内部的物流组织需要更加重视以过程为导向的管理方式。以过程为导向的管理方式下，需要多个职能部门之间的有效协同，特别是主过程涉及的采购部、制造部和销售部之间的紧密协同，以及与支持部门之间的有效协同，形成以过程为导向的主机厂内部的职能协同体系。WSMDM 物流模式下主机厂内部各职能部门间的协同模式如图 3 – 15 所示。

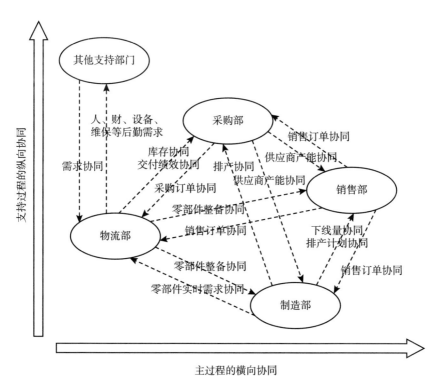

图 3 – 15　WSMDM 模式下主机厂各职能部门间的协同模式

WSMDM 物流模式的运营也离不开供应链上下游成员之间的有效协同，汽车零部件入厂物流涉及几百家供应商和几千种零部件，如果供应链的成员之间不能有效协同，就无法实现主机厂的 JIT 生产，WSMDM 物流模式下的组织间协同涉及供应商和供应商之间的横向协同，以及供应商、物流服务商和制造商之间的纵向协同，具体如图 3 - 16 所示。

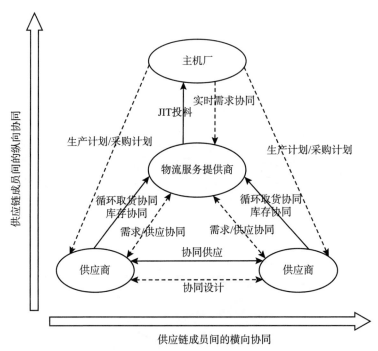

图 3 - 16　WSMDM 模式下供应链成员间的协同模式

六、WSMDM 信息管理系统平台

WSMDM 物流模式下，需要信息系统平台，将零部件入厂物流环节的信息流进行管理和控制，并且需要有效地协同相关部门的实时数据，将供应商、物流服务商、主机厂、分销商直到最终用户连成一体的功能网络结构。

其中零部件入厂物流环节是最复杂的环节，涉及供应商的订单、生产计划、备货计划，还有物流服务商的取货计划、库存监管、运输管理、空盛具管理、取货分组及线路规划，还涉及主机厂的物料操控区的库存管理及投料管理以及装配制造和质量管理等，并且还要同 OTD 系统、ERP 系统对接。WSMDM 物流模式下的零部件入厂物流信息传递流程及与其他系统整合的模式如图 3 − 17 所示。

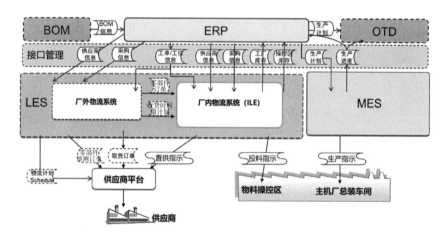

图 3 − 17　WSMDM 模式下管理信息系统模式

通过该信息系统平台，实现主机厂各系统间的无缝连接，实现对厂外物流、厂内物流、制造管理、质量管理等一体化管理，是实现一体式数字化物流和数字化供应链的关键环节。

第三节　本章小结

在上一章入厂物流系统分析的基础上，本章提出了一种新的 WSMDM 物流模式，提出了 WSMDM 物流模式在两种典型优化场景下的优化路径和优化中需要解决的关键技术问题，解析了 WSMDM 物流模式的结构、内涵、具体的运作流程，以及与传统物流模式的对比分析和显著的改变，并详细总结了 WSMDM 物流模式的典型特征，最后设计了 WSMDM 物流模式支撑体系：主机厂物流管理职能变革、物流运营主体、物流协同、物流信息平台。构建了完整的 WSMDM 物流模式的优化体系。

第四章

考虑鲁棒性的汽车零部件
入厂物流优化研究

第一节 引 言

在当前的入厂物流运作模式中，远程供应商先将零部件运输至主机厂附件的 VMI 库房，VMI 库房的零部件再批量配送至 RDC；近程供应商通过自主送货将零部件配送至主机厂的 RDC。由于大部分 RDC 距离总装操控区有一定的空间距离，零部件在 RDC 存储，然后根据总装操控区安全库存和拉动信息重新拣选后，用卡车或者专用转运车辆将零部件根据生产计划运输至生产线边物料操控区。总装物料操控区的物料基于生产线的实时需求滚动地投料至生产线边工位，当前主流的汽车零部件入厂物流运作模式如图 4-1 所示。

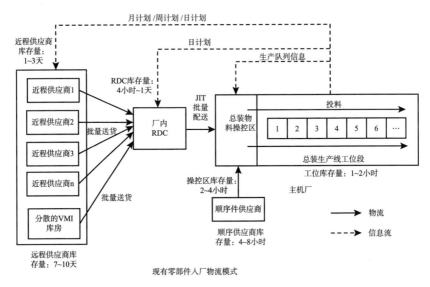

现有零部件入厂物流模式

图 4-1　现有零部件入厂物流运作模式

当前的入厂物流运作模式存在的主要问题如下：

（1）VMI 库房由供应商主导，形成了散乱差的局面，库存和物流过程质量管控困难，并且各自按照主机厂的需求送货，容易造成主机厂收货堵塞，全天收货不均衡，物流资源浪费严重。

（2）供应商和 VMI 库房基本是直送，整体运输成本偏高，车辆利用率低，同时导致 RDC 的库存量较大，需要设置大量的库存容量存放供应商的批量送货，增加库存管理成本。

（3）RDC 是基于批量存储的思路设置库存，需要大量的库房面积，一方面不利于零部件的快进快出，直接制约 RDC 的服务能力；另一方面会由于二次分拣产生额外的人力和设备成本。

（4）RDC 和总装物料操控区承担的部分功能相同，重复的作业环节较多，"双区"设置方式带来安全库存的重复设置，并由此增加二次运输、装卸、分拣和库存成本。

为了应对现有零部件入厂模式带来的成本和效率问题，必须优化当前的入厂物流模式，按照工位编组驱动的思想进行入厂物流精细化优化和变革，优化的核心是减少重复作业，降低厂内零部件库存容量，减少二次分拣、转运与库存管理。上述物流模式的大变革，需要对入厂物流的运输体系、库存体系和厂内物料操控区作出重大的变革和彻底改变，这对已经建成并正在量产的老工厂是非常困难和艰巨的，对于新工厂在规划阶段就可以按照工位编组驱动的新模式对零部件入厂物流进行规划和设计，因此，新工厂和老工厂在入厂物流优化的路径上有所区别，需要采取不同的优化和变革路径。老工厂的变革需要在保证正常生产的前提下，循序渐进，有序地推进变革，分步实现工位编组驱动的入厂物流模式。新工厂可以在规划阶段就按照工位编组驱动的模式进行入厂物流的规划、设计和建设。针对老工厂和新工厂不同的变革路径如下：

（1）对于老工厂工位编组驱动的精细化物流优化改造分为两个阶段，每个阶段需要解决的关键技术问题如下：第一阶段的主要任务——整合厂外零散的 VMI 库房，形成一个集中、统一和规范的高水平 VMI 库房，并实施全面的工厂取货模式，对现有的零部件库存体系和运输体系进行升级改造，为实现工位编组驱动的精细化物流模式打好基础。本阶段的优化改造中需要解决的关键技术问题是：在循环取货和仓储总成本最优的前提下，如何找到并实施鲁棒性最好的物流执行方案，以有效应对物流需求波动带来的物流执行方案的频繁变更，减少运营和管理成本，降低管理难度，本章将重点解决这个关键技术问题。第二阶段再按照工位编组驱动的精细化入厂物流模式进行循环取货环节和物料操控区的工位编组驱动改造，并对物料操控区和信息系统进行升级和改造。

（2）对于新工厂工位编组精细化的物流模式实施相对简单和容易：从新工厂的规划阶段直接按照工位编组驱动的精细化物流模式对新工厂的入厂物流进行规划和设计。新工厂的规划中需要解决的关键技术问题是：在精细化的零部件工位编组需求信息的驱动下，如何将循环取货的路径和物料操控区库容进行集成优化，实现取货成本、物料操控区成本及投料成本的总成本最优。

第二节　问题描述

根据价值链增值理论，用工位编组驱动的精细化物流思想改造老工厂入厂物流。老工厂入厂物流优化的核心是减少重复作业环节，将功能和作业重复设置的 RDC 环节取消，在物料操控区设置必要的存储区和拣选区，将厂外分散的 VMI 库房进行集中管控，循环取货车辆直接在物料操控区卸货并返回空盛具。取货的发车点和到达点设置为厂内物料操控区。老工厂优化后的入厂物流运作示意如图 4-2 所示。

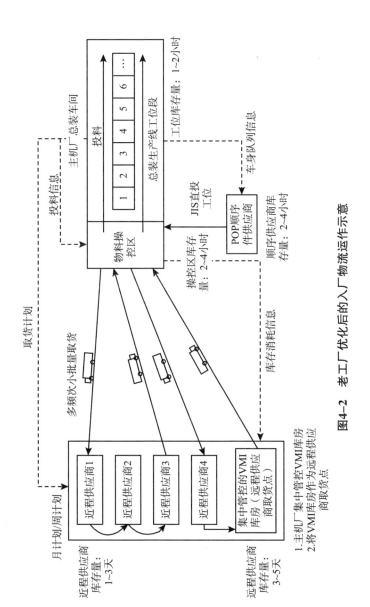

图4-2 老工厂优化后的入厂物流运作示意

优化后的入厂物流运作中的最大变化如下：

（1）取消 RDC 环节。

（2）主机厂集中管控 VMI 库房。

（3）将 VMI 库房作为远程供应商的取货点。

在该物流模式中，体积比较大的、需要专用车辆配送的 POP 零部件，仍然采用 POP 物流模式投料上线，但是运输车辆统一纳入循环取货的管理范畴，统一调度；标件采用批量供货和生产线领料相结合的方式投料上线。适合采用循环取货的中小零部件，采用循环取货的模式，距离供应商近直接上门取货，远距离供应商的取货点设置在集中管控的 VMI 库房中，统一纳入取货范围。在这种模式下需要重点解决的核心问题是：在取货和仓储总成本最优的前提下，采用并实施何种鲁棒性最好的物流执行方案，应对物流需求波动带来的物流执行方案的频繁变更，减小管理难度。

在取货计划的执行过程中，受主机厂生产计划临时调整的影响，取货计划会产生一定的波动，随着主机厂生产计划的调整，取货车辆在取货周期内运输的频次及运输量也会发生变化。在这种波动的干扰下，确定运输的频次及运输量不仅对运输成本有影响，而且对库存成本也有较大的影响，也会增加取货调度的管理难度，如何权衡取货成本、仓储成本和管理难度是一个需要解决的问题。因此，本章重点研究在需求波动下，解决主机厂循环取货频次以及车辆路径规划的鲁棒性问题。本章将结合需求波动性对这类车辆路径问题进行研究，该类问题特点如下：

（1）主机厂的需求会产生波动。

（2）每辆车在配送周期内可多次循环取货，但总的配送时间不超过最大周期。

（3）车辆从主机厂物料操控区出发，并回到主机厂物料操控区。

（4）单个取货周期内每个供应商有且仅被服务一次。

（5）主机厂需求被满足。

（6）车辆有最大运输体积限制。

模型要解决的问题如下：

（1）波动需求的处理。

（2）取货批次的决定。

（3）车辆路径的规划。

（4）在最优成本下寻找鲁棒性最强的物流策略。

第三节　问题建模

考虑鲁棒性的汽车零部件循环取货优化（optimization of automotive-parts milk-run pickup considering robustness，OAMRPCR）模型定义如下：有向图为 $G=(V, E)$，其中 $V=O\cup N$ 是配送网络中节点，O 是指主机厂，$N=\{1, 2, \cdots, n\}$ 是供应商节点集合。$E=\{(i, j): i, j\in V, i\neq j\}$ 是有向图中环集合，q，α，$[0, T]$ 和 β 分别指不确定需求、单位库存成本、配送周期和单位配送成本。另外，节点 i 到节点 j 之间运输距离和时间分别是 c_{ij} 和 t_{ij}。供应商 $i\in N$ 的装载时间为 t_i，供应零部件体积为 s_i。$K=\{1, 2, \cdots, k\}$ 是指车辆集合，其体积为 Q，定义 f_k 为车辆 $k\in$

K 的配送频次，则车辆 k 每次在供应商 i 的装载量为 $p_{ik} = s_i/f_k$。

为了建立模型，我们定义如下决策变量：

$$x_{ijk} = \begin{cases} 1 & \text{车辆 } k \text{ 从节点 } i \text{ 到节点 } j \\ 0 & \text{否则} \end{cases}$$

$$z_{ik} = \begin{cases} 1 & \text{车辆 } k \text{ 服务供应商 } i \\ 0 & \text{否则} \end{cases}$$

建立如下数学模型：

$$\min \sum_{k \in K} \sum_{i \in V} \sum_{j \in V} x_{ijk} c_{ij} f_k b + \sum_{i \in V} \sum_{k \in K} a p_{ik} z_{ik} \tag{4.1}$$

$$\sum_{j \in V} \sum_{k \in K} x_{ojk} \leqslant K \tag{4.2}$$

$$\sum_{j \in V} \sum_{k \in K} x_{ijk} = \sum_{j \in V} \sum_{k \in K} x_{jik} = 1, \, i \in V \tag{4.3}$$

$$\sum_{i \in V} x_{i0k} = \sum_{i \in V} x_{0ik} \leqslant 1, \, \forall k \in K \tag{4.4}$$

$$\sum_{i \in V} z_{ik} = 1, \, \forall k \in K \tag{4.5}$$

$$\sum_{j \in V} x_{ijk} = Z_{ik}, \, \forall i \in N, \, k \in K \tag{4.6}$$

$$\sum_{i \in V} x_{ijk} = Z_{jk}, \, \forall j \in N, \, k \in K \tag{4.7}$$

$$\sum_{i \in V} p_{ik} z_{ik} \leqslant Q_k, \, \forall k \in K \tag{4.8}$$

$$\sum_{i \in V} t_i z_{ik} + \sum_{i \in V} \sum_{j \in V} t_{ij} x_{ijk} \leqslant T, \, \forall k \in K \tag{4.9}$$

$$\sum_{i \in V} \sum_{k \in K} p_{ik} z_{ik} = q \tag{4.10}$$

$$x_{ijk}, z_{ik} \in \{0,1\}, \, \forall i, j \in V, \, k \in K \tag{4.11}$$

在上面的公式中，式（4.1）表示目标函数，以运输成本和库存成本最小为目标；式（4.2）指限制总的配送车辆数量；式（4.3）确保一个供应商仅被一辆车服务一次；式（4.4）确保每辆车从主机厂出发,并回到相同的主机厂;式(4.5)~式(4.7)定义 z_{ik} 的值;式(4.8)和式(4.9)确保配送方案不超出配送期限限制和车辆装载体积限制;式(4.10)确保主机厂需求被满足;式(4.11)定义决策变量。

第四节 鲁 棒 优 化

由于主机厂生产计划在取货过程中可能存在一定的波动,企业管理者总是希望满足他们需求的同时实现最小运输成本和库存成本,从而形成一个鲁棒性强的计划表,即最优解受主机厂生产计划波动的影响较小。因此,为从鲁棒优化视角求解元问题,首先将约束(4.10)转换成基于可能性测度的用随机约束的方法来描述产生波动的需求。

$$\Pr\left\{ q - \sum_{i \in V} \sum_{k \in K} p_{ik} z_{ik} \geqslant 0 \right\} \geqslant \varepsilon \tag{4.12}$$

其中,符号 ε 表示调度程序预先给定的置信水平。按照霍夫丁和徐(Hoeffding and Xu)的研究,通过霍夫丁(Hoeffding)定理,可以将约束(4.12)转化为鲁棒优化的约束形式,如式(4.13)所示。

$$r = \left\{ 1 - 2\exp - 2\left[q + E(\chi) - \sum_{i \in V} \sum_{k \in K} p_{ik} z_{ik} \right]^2 \div (u - l)^2 \right\}$$

$$\tag{4.13}$$

其中, $\chi_d \in D$ 表示不确定变量的期望值。$[u, l]$ 是指需求变化的区间值。

第五节　混合启发式算法设计

OAMRPCR 是 VRP 问题的扩展，属于 NP-hard 问题，因此，设计了将自适应遗传算法与局部搜索相结合的一种混合启发式算法来求解该问题。GA 是一种解决 NP 问题的好方法，因为它具有很强的鲁棒性和全局搜索能力。此外，局部搜索（LS）对种群的多样性有积极的影响，可以避免局部最优解。因此，我们将局部搜索与自适应遗传算法结合起来。

一、染色体编码

为表示主机厂循环取货的路径解方案，设计了染色体编码方式，这样的染色体代表一个解决方案，即循环取货的路线。首先通过贪婪策略来生成路线 r。假设有一个解决方案，包括 1 个组装车间和 12 个供应商，其中 4 条路线：r1 0 – 3 – 5 – 6 – 0，r2 0 – 9 – 11 – 13 – 0，r3 0 – 4 – 7 – 8 – 0，r4 0 – 10 – 12 – 14 – 0，如图 4 – 3 所示。

Route	0	3	5	6	0	9	11	13	0	4	7	8	0	10	12	14	0

图 4 – 3　循环取货解方案编码

二、初始解生成算法

针对 OAMRPCR 问题可行解的特征，提出了一种基于贪婪策略的初始可行解生成算法。N 被定义为未服务供应商的集合。求解过程如下：

算法 1：初始解生成。

输入：种群规模 P，未服务供应商的集合 N'。

输出：初始解 S。

对每个供应商 $i \in N$ 进行随机选择：

For *count*←1 *to P do*

$S←\varnothing$，$N'←N$

While $N' \neq \varnothing$ *do*

通过贪心策略随机选择任一供应商 i 插入车辆 k 的线路：

$N'←N \setminus i$

End

$S←s$

End

三、遗传操作

1. 改进双点交叉操作

根据 OAMRPCR 问题的特点，设计了 2 点交叉操作，具体如图 4-4 所示。

（1）根据交叉概率选择两条染色体。

（2）在染色体 P1 中随机选择两个基因位置，g1 和 g2。

（3）将基因 g3 和 g4 与染色体 P2 的相同位置互换位置。

（4）对于 P1，其他重复的基因由 g1 和 g2 排列。

（5）对于 P2，其他重复的基因由 g3 和 g4 依次排列。

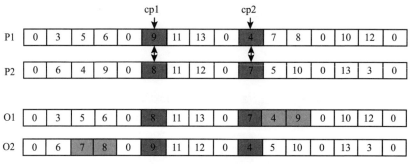

图 4－4　改进的双点交叉操作示意

为计算交叉概率，采用自适应交叉概率来选择个体，如式（4.14）所示。

$$p_c = \begin{cases} p_{c1} - \dfrac{(p_{c1} - p_{c2})(f' - f_{avg})}{f_{max} - f_{avg}}, & f' \geqslant f_{avg} \\ p_{c2}, & f' < f_{avg} \end{cases} \quad (4.14)$$

其中，f_{avg} 表示当前种群的平均适应度值。f_{max} 表示当前种群的最大适应度值。通常 $p_{c1} = 0.9$，$p_{c2} = 0.6$。

2. 变异操作

为保证解方案的多样性，在突变操作中，设计了移动变异操作如图 4－5 所示。

（1）根据突变概率选择染色体。

（2）随机选择一个基因并删除它。

（3）将该基因随机插入任何其他路线的另一个位置。

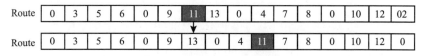

图 4－5　移动变异交叉操作示意

自适应突变概率的计算公式如式（4.15）所示。

$$p_m = \begin{cases} p_{m1} - \dfrac{(p_{m1} - p_{m2})(f_{max} - f)}{f_{max} - f_{avg}}, & f' \geq f_{avg} \\ p_{m2}, & f' < f_{avg} \end{cases} \quad (4.15)$$

其中，一般地 $p_{m1} = 0.1$，$p_{m2} = 0.01$。

3. 选择操作

为了保证更好的个体，应根据适应度函数的价值被复制到下一代。这里采用轮盘选择策略进行选择。可是，在迭代过程中可能会出现一些不可行的解决方案，但这对探索更好地解决方案具有积极的作用。因此，将罚函数与目标函数相结合作为适应度函数，如式（4.16）所示。

$$F_{fit}(I) = F(I) + w(I) \quad (4.16)$$

其中，$F(I)$ 是目标函数，$w(I)$ 是惩罚函数，计算如式（4.17）~ 式（4.19）所示。

$$w(I) = \alpha_1 w_1 + \alpha_2 w_2 \quad (4.17)$$

$$w_1 = \max\left\{ \sum_{i \in V} p_{ik} z_{ik} - Q_k, 0 \right\} \quad (4.18)$$

$$w_2 = \max\left\{ \sum_{i \in N} t_i z_{ik} + \sum_{i \in V} \sum_{j \in V} t_{ij} x_{ijk} - T, 0 \right\} \quad (4.19)$$

四、局部搜索策略

为提高算法的求解质量和搜索效率，引入局部搜索策略，可以鼓励全局探索以改进解决方案。依据汽车入厂物流循环取货解决方案的特点，设计了两种邻域结构来探索新的解决方案空间。具体步骤如下：

（1）步骤1：在染色体上随机选择任意一条染色体和两个基因，然后互换位置。

（2）步骤2：随机选择任意一个染色体和两个基因，将两个基因的次序颠倒。

综上所述，本章通过集成贪婪算法、自适应遗传操作和局部搜索策略，设计混合启发式算法，为提升传统遗传算法求解效率，引入局部搜索策略，通过双点交叉或位置互换，改进自适应遗传算法，其实施流程如图4-6所示。

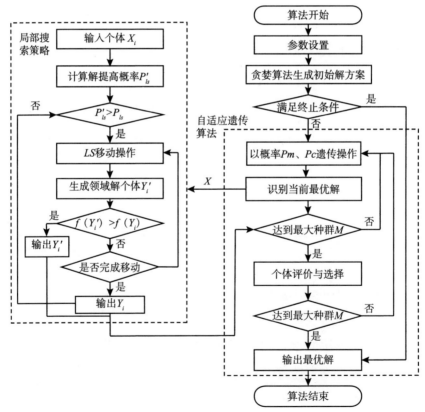

图4-6 混合启发式算法流程

第六节　算　例　研　究

　　为了验证零部件入厂物流循环取货的鲁棒优化模型，以某主机厂的零部件入厂物流为实际案例。算例中的基本数据如下：运输车的尺寸是 $2.4 \times 2.4 \times 9.6 \mathrm{m}^3$，单位运输成本为 3.5 元/公里，库存成本为 2 元/平方米/天。关于需求和坐标的其他数据如表 4-1 所示，供应商的供应数量和坐标如表 4-2 所示。主机厂生产计划波动的差异如下：主机厂的生产计划的波动具有正态分布 [0, 9]，期望值为 911.16。需求波动的最大值和最小值是根据规则 "3σ" 确定。算例运用 Python 来编译运行，算法在 Windows 10 操作系统、带有英特尔核心的 1.8GHz 和 4GB 内存的 PC 上运行。以下采用的数据单位分别为：距离单位为米（m），成本单位为元，时间单位为分钟（min），面积单位为平方米（m^2），线路单位为条，体积单位为立方米（m^3）。

表 4-1　　　　　　　　　　装配主机厂参数信息

ID 号	需求量	X 坐标	Y 坐标
1	911.16	106.538078	29.677212

表 4-2　　　　　　　　　汽车零部件供应商数据信息

ID 号	供应信息	X 坐标	Y 坐标
1	90.04	106.514381	29.669697
2	226.10	106.515114	29.664557

ID 号	供应信息	X 坐标	Y 坐标
3	135.39	106.508034	29.667334
4	85.48	106.499321	29.664776
5	84.66	106.498947	29.666237
6	61.62	106.531982	29.683313
7	85.40	106.535172	29.681656
8	63.87	106.534164	29.680086
9	31.74	106.592857	29.675314
10	124.62	106.601219	29.691582
11	87.04	106.601578	29.694155
12	90.91	106.597221	29.694084
13	170.53	106.600243	29.698023

需求稳定时，当取货频次分别为 6、7、8、9 和 10 次时，AGA – LS 运行 10 次，根据生产计划，获得最大、最小的运输频次。对应的成本变化如表 4 – 3 所示。

表 4 – 3 不同频次下的成本变化

实例	运输频次				
	6	7	8	9	10
1	1453.4	1687.4	1732.6	1889.0	2034.2
2	1451.2	1460.4	1734.7	1573.4	1647.5
3	1253.9	1594.7	1659.1	1504.9	1688.0
4	1566.8	1606.0	1852.0	1936.6	1868.7
5	1546.2	1301.1	1830.0	1651.9	2074.2
6	1604.5	1665.9	1735.8	1794.4	1659.0
7	1451.2	1671.4	1394.1	1526.7	1899.2
8	1504.3	1343.5	1757.7	1743.4	2065.6
9	1288.4	1456.3	1492.8	1643.6	2184.6
10	1337.3	1536.2	1575.3	1805.2	2255.1
平均成本	**1445.7**	**1532.3**	**1676.4**	**1707.2**	**1937.6**

当取货频率为 6 时，成本最低。在这种情况下，库存成本为 303.7，运输成本为 1142.0。当频率从 6 增加到 10 时，运输成本也从 1142.7 增加到 1755.4。但库存成本从 303.7 降至 182.2。故可以推断出总成本增加的原因，是由于随着频率的增加，运输成本的增加超过了库存成本的节省。

此外，为了验证本算法的收敛情况，以实例 1 为例得到其成本随着迭代次数变化图，如图 4-7 所示。从图中可以看出，设计算法收敛性较好，当迭代到 40 代左右时，得出近似最优解。而且，算法迭代从 0~40 时，总成本优化速度较快，解被快速改善。

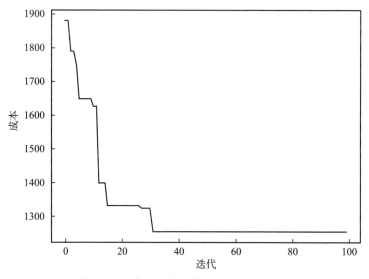

图 4-7 成本变化迭代（运输频次为 6）

为了证明设计的 AGA-LS 的优越性，在频率为 6 时，得到以下结果与标准 GA 比较，结果如表 4-4 所示。

表 4 - 4   算法对比结果

方法	实例										平均成本
	1	2	3	4	5	6	7	8	9	10	
AGA - LS	1453. 4	1451. 2	1253. 9	1566. 8	1546. 2	1604. 5	1451. 2	1504. 3	1288. 4	1337. 3	**1445. 7**
GA	1632. 5	1556. 3	1336. 2	1556. 3	1689. 3	1658. 6	1562. 3	1620. 3	1320. 5	1502. 9	**1543. 5**

从表 4 - 4 可知, 通过 AGA - LS 的方式找到一个总成本为 1445.7 的更好解决方案, 而通过 GA 的方法得到的总成本为 1543.5, 平均节省了 6.8%, 说明本书设计方法的优越性。

对于健壮的优化模型, 定义健壮级别值是十分重要的。然而, 由于难以准确地确定健壮性的方差值, 故研究不同健壮性条件下, 对最优结果的影响变化是十分值得关注的科学问题。本书中, 假设鲁棒性水平为 0.8, 并得出最优的取货方案, 如表 4 - 5 所示。

表 4 - 5   最优和次优调度的比较

运输方案	路线	目标值	可接受程度
最优调度方案	0 - 5 - 2 - 0 0 - 12 - 11 - 13 - 10 - 9 - 0 0 - 7 - 6 - 0 0 - 1 - 4 - 3 - 0 0 - 8 - 0	1259. 5	38/50
次优调度方案	0 - 1 - 2 - 0 0 - 12 - 11 - 10 - 13 - 0 0 - 8 - 7 - 0 0 - 3 - 4 - 5 - 0 0 - 9 - 6 - 0	1462. 8	44/50

　　根据主机厂需求波动的概率分布，在主机厂需求波动的情况下，生成 10 组波动需求（随机需求范围从 902.16 到 920.16）来评估解决方案。每组计划有 5 条路线。结果发现，在最优调度条件下，50 条线路中有 12 条无法满足相应装配厂的需求，而在次优调度条件下 50 条线路中只有 6 条无法满足相应装配厂的需求。可以得出如下结论，虽然次优解的总成本较高，但次优计划是一个更稳定的计划，鲁棒性更好。因此，管理者可以根据所得到的运行结果和生产计划，在计划的稳定性和计划成本之间进行权衡和决策，以指导实际的生产运营。例如，可以在销售旺季采用稳定的计划，在销售淡季采用低成本的计划。

第七节　本章小结

　　本章提出了零部件入厂物流工位编组驱动的精细化物流模式在老工厂和新工厂的实施路径，重点解决了老工厂实施过程中的关键技术问题，受主机厂需求波动的情况下，在保证运输和仓储总成本最优的情况下，寻找到了鲁棒性更优的解决方案，构建了考虑鲁棒性的零部件入厂物流优化模型，并设计了混合启发式算法进行求解，用某主机厂的实际数据对模型和算法进行验证，验证了模型和算法的有效性。

第五章

基于工位编组的入厂物流车辆路径－库容集成优化研究

第一节 引 言

前一章主要解决了已经建成投产的老工厂入厂物流环节，实施基于工位编组的精细化物流模式实施路径，以及在成本最优约束下考虑鲁棒性的入厂物流优化的关键技术问题。本章将继续解决工位编组驱动模式下，在稳定的工位编组投料需求驱动下，如何实现入厂物流车辆路径和物料操控区零部件库容集成优化，达成入厂物流总成本最低目标，以及"取货即所需，到货即可投"的精细化物流设计目标。通过构建相应的数学模型来模拟验证，并设计合适的算法进行模型求解，最后用实际案例的数据来仿真，求证。

第二节　问题描述

按照工位编组的核心思想：将 RDC 和总装物料操控区的安全库存功能合并至厂内物料操控区，将 RDC 内部的零部件重组与配货的部分功能前置至车辆循环取货的过程，物料操控区内部承担部分重组与配货工作。由此，车辆从物料操控区派出后直接将工位所需的零部件按照生产工艺编组配送至生产线边，减少传统配送过程中 RDC 内部的重组与配货环节，提高物料操控区的周转率以及配送的时效性。由于传统的配送模式通过扩大 RDC 面积来实现特定的配送周期保障，带来 RDC 改扩建的过度投入，但是受面积的限制服务能力提升有限。该种配送模式带来以下配送过程本质变化：

（1）物料操控区的零部件要求按照生产工艺进行布局，与生产线工位物料需求相对应。

（2）取货车辆按照工位成组循环取货，供应商的分组和取货线路的设计中，将工位编组作为重要的输入约束条件。

（3）库区的管理同车辆路径、发车频次密切相关。

在该问题中，已经预先根据稳定的生产计划和生产节拍将零部件按照投料编组分组，每个近程供应商供应一种或多种零部件。厂内操控区有若干配送车辆，车辆从厂内操控区出发后，按照工艺编组要求实施循环取货然后返回物料操控区，在一个规划周期内每个车辆有若干行程即完成当前的循环取货批次后要接着进行下一批次的循环取货。在取货过程中，为了避免线路的交叉和迂回，每个供应商只能分配给一个配送车辆且在一个行程当中只能被一个配送车辆访问一次。由于每个供应商供应一种或多种零部件且每个供应商只能由一辆车访问，存在同一个编组的零部件由不同的配送车辆共同取货的情形，因此零部件送至配送中心后要根据具体情况进行适当的重组以满足按工位分组配送的要求。问题研究的目标是入厂物流的总成本最小化。

由于不同的车型、取货批量对应的库存水平、车辆数量、车辆路径均不相同。因此，问题要开展的决策需求如下：

（1）车型选择：选派何种车型以实现循环取货的经济性。

（2）车辆调度：选派多少车辆开展循环取货服务。

（3）取货批量：每次循环取货时取货的批量大小。

（4）车辆路径规划：每辆车的车辆路径。

（5）物料操控区容量规划：物料操控区的容量设置以满足生产需求。

入厂物流系统优化过程中考虑如下实际情形：

（1）虽然在一个规划周期内每辆车存在多个行程，但单个车辆过早地到达操控区会产生不必要的等待，在运作过程中应尽量使各车辆到达操控区的时间偏差较小，因此在一个规划周期内各车辆的行程数大致相同。则问题可转化为单行程的配送优化问题。

（2）当同一工位编组内的零部件分属不同的供应商时，要实现零部件在循环取货的过程中进行编组，需要一定的调整时间，供应商的访问顺序间隔越大编组调整越复杂，需要的调整时间就越长。

（3）零部件在操控区内部的编组调整需要一定的调整时间和

调整空间。

在保证问题主要特征前提下，为突出主要因素而不失一般性，作如下假设：

（1）生产计划和装配过程稳定，生产线根据预设的生产计划和车身队列顺序进行生产，不考虑生产计划和生产队列顺序变化的问题，且 JPH 恒定。

（2）由于设置了一定量的安全库存，因此不考虑在配送过程中存在的诸如交通拥堵、信息传递不及时及车辆故障等不确定因素带来的影响。

（3）车辆在循环取货过程中编组调整的时间同取货批量呈正线性相关。

（4）零部件在操控区内的编组调整时间及面积需求同编组的复杂性、调整批量相关。

基于工位编组的零部件入厂物流模式如图 5-1 所示。

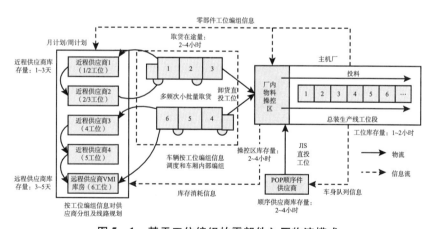

图 5-1　基于工位编组的零部件入厂物流模式

第三节　基于工位编组的入厂物流车辆路径－库容集成优化模型

一、参数与变量

数学模型中涉及的参数与变量如表 5－1 所示。

表 5－1　　　　　　　　　　　　　符号及定义

集合	描述
N_0	物料操控区集合，$N_0 = \{1\}$
N_S	供应商集合，$N_S = \{2, 3, \cdots, n+1\}$
N	节点结合，$N = N_0 \cup N_S$
V	车型集合，$V = \{1, 2, \cdots, n_v\}$
K	车辆集合，$K = \{1, 2, \cdots, n_k\}$
P	零部件集合，$P = \{1, 2, \cdots, n_p\}$
M	零部件编组集合，$M = \{1, 2, \cdots, n_m\}$
C_m	零部件编组 m 内的零件集合，$C_m \in M$
S_i	供应商 $i \in N_S$ 供应的零部件集合，$S_i \in M$
B	取货批量集合，$B = \{1, 2, \cdots, n_b\}$
A	零部件编组占地面积集合，$a_m \in A$，$m \in M$
参数	描述
d_{ij}	节点 i 到节点 j 的距离

续表

参数	描述
u_c	单位距离成本系数
t_{ij}	节点 i 到节点 j 的行驶时间
Q_v	车型 v 的最大装载容量
q_{im}	供应商 i 处零部件 m 在一个编组内供应量的体积
f_v	车型 v 的固定使用成本
μ	单位货物单位时间的库存成本
τ	单位批次货物装车时间
h	单位货物在物料操控区的卸载时间
c_u	物料操控区内部单位面积的管理成本
η	零部件在内部编组调整所需占地面积的计算系数
δ_1	循环取货过程中编组调整时间的基准时间
σ_1	循环取货过程中编组调整时间的计算系数
δ_2	零部件在物料操控区内部编组调整时间的基准时间
σ_2	零部件在物料操控区内部编组调整时间的计算系数
ε	物料操控区总面积计算系数
ω	车辆提前到达物料操控区单位批量零部件的单位时间等待成本
n_b	在循环取货过程中已完成工艺编组的零部件组数
T_S	安全库存的维持时间
b_s	安全库存的零部件批量
T_D	零部件编组从物料操控区配送到线边的配送时间
T_H	一个规划周期的时间长度
o_{ipm}	供应商—零部件—编组的映射关系

决策变量	描述
x_{ijk}	车辆 k 从节点 i 到节点 j 是为 1；否则为 0
y_{ik}	供应商 i 分配给车辆 k
z_b	取货批量为 b 时为 1；否则为 0
w_v	选择的车型为 v 时为 1；否则为 0
u_i	工艺编组 $i \in M$ 在循环取货过程中完成编组为 1；否则为 0

其中，距离单位为米（m），成本单位为元，时间单位为分钟（min），面积单位为平方米（m²）。

二、模型主要参数计算

（一）循环取货编组调整时间

由于同一工艺组内的零部件可能属于不同的供应商，在进行循环取货时当同一工艺组内的多个供应商的访问顺序不连续时，需要适当调整盛具的位置实现零件的编组，且调整时间随着访问顺序差的增加而增加。针对任意零件 $p \in P$，$p \in C_m$ 且 $p \in S_i$，则当车辆 k 访问供应商 i 时在 i 处的编组调整时间计算式如下：

$$t_{kip} = \begin{cases} 0, & \text{车辆 } k \text{ 访问的紧前供应商供应的零部件属于 } C_m \\ \delta_1(1+\sigma_1)^H, & \text{供应商 } i \text{ 与属于 } C_m \text{ 的零部件供应商访问顺序差为 } H \end{cases}$$

$$(5.1)$$

通过该计算式可看出：当供应同一工艺组零部件的不同供应商访问顺序间隔越大，需要耗费的编组调整时间越长，在优化过程中就会使供应同一工艺组零部件的不同供应商访问顺序尽可能地靠近。

（二）操控区内部编组调整时间

由于每个供应商只能由一辆车访问，因此存在部分隶属同一工位编组的零部件由不同的车辆取货，因此当所有车辆到达配送中心后需对这部分的零部件进行工位编码调整。单位工位编组的调整时间同零部件的分散程度以及同一工位编组的零部件取货车辆数相关。针对某一尚未完全编组的工艺编组 m，其调整时间计算式如下：

$$t_m = \delta_2 (1 + \sigma_2)^{k'} \tag{5.2}$$

其中，k' 为编组 m 中的零部件的取货车辆数量。

（三）操控区面积测算

操控区面积主要有四部分构成：已完成编组的零部件暂存区、编组调整区、安全库存存放区及辅助功能区（标小件区、暂存区、通道、人员办公/休息区及设备存放/充电区）面积。其中：

已完成编组的零部件存放区面积计算式：

$$A_1 = \sum_{m \in M} u_m a_m z_b b \tag{5.3}$$

编组调整区的面积计算式：

$$A_2 = (1 + \sigma_2)^{k'} \sum_{m \in M} (1 - u_m) a_m z_b b \tag{5.4}$$

安全库存存放区的面积计算式：

$$A_3 = \sum_{m \in M} u_m a_m z_b b_s \tag{5.5}$$

操控区面积的近似计算式：

$$A_{MH} = (A_1 + A_2 + A_3)(1 + \varepsilon) \tag{5.6}$$

（四）规划周期内取货次数计算

令 $t_{max} = \max\{t_{ki0}\}$，$\forall k \in K$ 表示一个循环取货环节时间。则在一个规划周期内，车辆循环取货的次数为：

$$\lambda = T_H / t_{max} \tag{5.7}$$

三、数学模型

根据上述分析，基于工位编组的入厂物流车辆路径–库容集成优化模型可表示如下：

$$\min F = \lambda \sum_{i \in N} \sum_{j \in N} \sum_{k \in K} d_{ij} u_c x_{ijk} + \sum_{v \in V} \sum_{k \in K} f_v w_v x_{1jk}$$

$$+ \lambda \sum_{k \in K} \left[\sum_{l \in N_s} x_{ilk} z_b b \sum_{h \in S_l} q_h \omega (t_{max} - t_{ki0}) \right] + c_u A_{MH} \tag{5.8}$$

$$\sum_{k \in K} y_{ik} \leqslant 1, \ \forall i \in N_S \tag{5.9}$$

$$\sum_{i \in N} \sum_{m \in S_i} y_{ik} q_{im} z_b b \leqslant Q_V, \ v \in V \tag{5.10}$$

$$\sum_{i \in N} \sum_{m \in S_i} x_{ijk} q_{im} z_b b - \sum_{i \in N} \sum_{m \in S_i} x_{jik} q_{im} z_b b = \sum_{m \in S_i} z_b b q_{im}, \ \forall i \in N_S, k \in K$$

$$\tag{5.11}$$

$$\sum_{i \in N} \sum_{j \in N} x_{ijk} t_{ij} + \sum_{i \in N_s} \sum_{p \in S_i} t_{kip} + \sum_{i \in N} \sum_{m \in S_i} y_{ik} q_{im} z_b bh + \tag{5.12}$$

$$\sum_{m=1}^{n_m - n_b} t_m + T_D \leqslant T_S, \ \forall k \in K$$

$$\sum_{i \in N} x_{ijk} = y_{jk}, \ \forall j \in N_S, k \in K \tag{5.13}$$

$$\sum_{j \in N} x_{ijk} = y_{ik}, \ \forall i \in N_S, k \in K \tag{5.14}$$

$$\sum_{b \in B} z_b \leqslant 1 \tag{5.15}$$

$$\sum_{v \in V} w_v \leqslant 1 \tag{5.16}$$

$$x_{ijk} \in \{0, 1\}, \ \forall i, j \in N, k \in K \tag{5.17}$$

$$y_{ik} \in \{0, 1\}, \ \forall i \in N_S, k \in K \tag{5.18}$$

$$z_b \in \{0, 1\}, \ \forall b \in B \tag{5.19}$$

$$w_v \in \{0, 1\}, \ \forall v \in V \tag{5.20}$$

$$u_i \in \{0, 1\}, \ \forall i \in M \tag{5.21}$$

式（5.8）为目标函数，最小化规划周期内的车辆路径成本、车辆固定使用成本、规划周期内零部件提前到达等待成本以及操控区的管理成本之和；式（5.9）表示每个客户均被访问且只能被一辆车访问；式（5.10）表示任意车辆的装载量不能超过额定装载体积；式（5.11）表示网络中流量平衡；式（5.12）表示一个行程内的总时间不能超过安全库存的维持时间，总时间包括车辆行驶时间、车辆在供应商处的编组调整时间、零部件在操控区的卸货时间、未完全编组的零部件在操控区二次编组的时间以及将零部件从操控区配送至线边的时间；式（5.13）和式（5.14）表示两个变量间的关系；式（5.15）表示车辆取货批次约束；式（5.16）表示车型选择约束；式（5.17）~式（5.21）表示变量范围。

第四节　求解算法设计

由于车辆路径问题为 NP 难题，本书研究的基于工位编组的入厂物流车辆路径 – 库容集成优化问题具有工位编组、车型选择与取货批次的特征使问题解空间构成高度复杂，更增加了模型求解的复杂性。为此，基于遗传算法（genetic algorithm，GA）优越的全局搜索能力与局部搜索（local search，LS）机制较好的局部寻优特征，设计一种融 GA 和 LS 的混合遗传算法（hybrid genetic algorithm，HGA）对问题求解。

一、HGA 原理及流程

设计的 HGA 算法利用 GA 基于种群的遗传操作实现全局进化寻优，通过 LS 来对 GA 进化过程中新产生个体进行训练以生成高质量的局部更优解。因此，设计 HGA 使算法能够同时兼顾搜索的全局性和局部性。此外，考虑在遗传进化过程中交叉和变异概率对遗传进化的行为和性能的影响，借鉴 Srinivas 等提出的自适应交叉和变异机制，当种群各个体的适应度趋于一致或者趋于局部优化时，使交叉概率和变异概率二者增加，而当个体的适应度比较分散时，使交叉概率和变异概率减少。

综上分析，HGA 算法流程如图 5 – 2 所示。

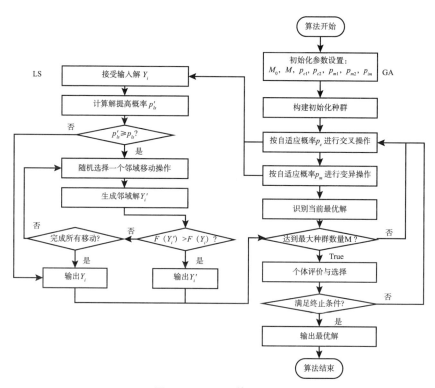

图 5 – 2　HGA 算法流程

二、染色体编码设计

问题解的编码设计是基于遗传算法的启发式算法设计的，第一步也是至关重要的一步，编码方案的有效性与否直接影响算法的求解复杂性和求解效率。基于对问题特征的分析，设计基于实数编码的三层染色体串来表征问题的解，如图 5 – 3 所示。

染色体的三层分别对应车型、车辆路径和取货批量信息。其中车型层和取货批量层均只有一个基因位置，分别存储对应方案的车型和取货批量。路径层各基因位的基因值为操控区和供应商的节点编号，操控区的编号（1）用来开始新路径或者终止当前路径。

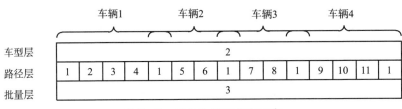

图 5-3　染色体编码方案示意

三、种群初始化

由于所研究问题的解空间构成高度复杂，纯粹随机地生成初始种群会影响算法的整体进化搜索效率。因此，为了使初始种群能够较好地覆盖问题的解空间，以便更好地指导进化搜索过程，设计一种简单高效的初始种群构造算法（initial population construction algorithm，IPCA）。算法流程如图 5-4 所示。

从算法流程图中可以看出，通过该算法构造出的初始化种群中的各个体的车型和取货批量均不相同。因此，通过该算法构造出的初始化种群能够很好覆盖问题的解空间，体现出较好的种群多样性。

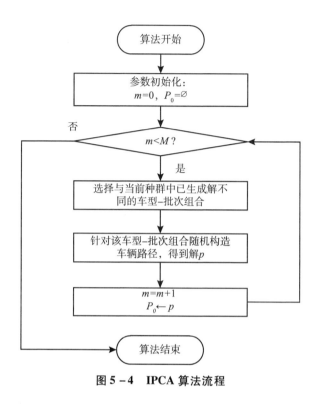

图 5 – 4 IPCA 算法流程

四、交叉操作设计

本书采用基于染色体基因位置的两点交叉操作。考虑不同个体的车型和取货批次不同，为保证解的相对有效性，交叉操作只作用于路径层。操作时随机地选择两个基因位，互换两个父代个体在两个基因位之间的基因得到两个子代，并根据基因的构成开展基因的完整性检查与调整。交叉操作示意如图 5 – 5 所示。

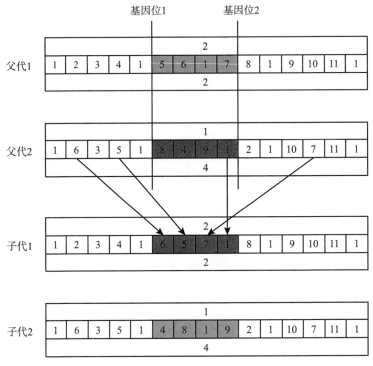

图 5-5 交叉操作示意

具体交叉操作以生成子代 1 为例：保持两基因位之间的操控区位置（编号为 1 的基因位）不变，互换中间片段后子代 1 缺失的基因为 5、6、7，根据基因 5、6、7 在父代 2 中的位置顺序依次填入缺失的基因位。

遗传算法的交叉操作是通过交叉率来实现的，较大的交叉率能够增强算法开辟新的搜索领域的能力，但是同时也会增大优秀基因被破坏的可能性，从而使搜索趋向随机化，而较低的变异率通常会保持在同一连续的解空间，进化速度慢，使算法陷入迟钝状态。针对具有不同适应值的个体采取不同的交叉率能够很好地解决以上问题。因此本书采用自适应交叉概率，根据适应值及进化代数来调节个体的交叉率，自适应交叉概率按下式进行调节：

$$
P_c = \begin{cases} P_{c1} - \dfrac{(P_{c1} - P_{c2})(f' - f_{avg})}{f_{max} - f_{avg}}, & f' \geqslant f_{avg} \\ P_{c1}, & f' < f_{avg} \end{cases} \tag{5.22}
$$

其中，P_c 为交叉概率，f_{avg} 为当前种群的平均适应度值，f_{max} 为当前种群的最大适应度值，一般取 $P_{c1} = 0.9$，$P_{c2} = 0.6$。

五、变异操作设计

根据问题解空间的构成特点，分别设计针对车型、车辆路径和取货批量的三种变异算子。

（1）车型变异算子：随机选择同当前方案不同的车型，并基于车型的装载能力调整车辆路径以满足车辆装载能力约束。

（2）取货批次变异算子：随机选择同当前取货批量不同的取货批量，并基于取货批量调整车辆路径以满足车辆装载能力约束。

（3）路径变异算子：采用逆序操作对按照概率选中的路径层的染色体实施变异，即将染色体中两个不同随机位置间的基因串逆序，如图 5－6 所示。

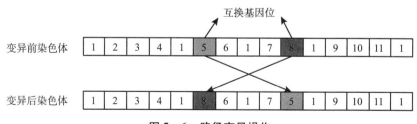

图 5－6　路径变异操作

在进化的过程中，适应度高的个体由于对周围环境较强的适应能力，变异概率应较小，作为优秀个体，其基因应以较大的概率被保留下来。但对于适应值低的个体，对环境的适应性较弱，因此它们的劣质基因保留到下一代的概率应该很小，同时此类个体变异的概率要比优秀基因发生变异的概率要大。为实现这个目的，本书采用自适应变异概率，根据适应值及进化代数来调节个体的变异率，自适应变异率按下式进行调节：

$$P_m = \begin{cases} P_{m1} - \dfrac{(P_{m1} - P_{m2})(f_{max} - f)}{f_{max} - f_{avg}}, & f' \geq f_{avg} \\ P_{m1}, & f' < f_{avg} \end{cases} \quad (5.23)$$

其中，P_m 为变异概率，一般取 $P_{m1} = 0.1$，$P_{m2} = 0.001$。

针对任意确定的概率 P_m，车型、车辆路径和取货批量变异概率分别为 p_{mv}、p_{mr}、$p_{mb}(p_{mv} + p_{mr} + p_{mb} = 1)$。

六、适应性评价

采用基于目标函数与约束惩罚的个体适应度评价，个体的评价函数计算式如下：

$$\begin{aligned} F_{fit} = F_0 &+ \alpha \sum_{k \in K} \max\left\{0, \sum_{i \in N} \sum_{m \in S_i} y_{ik} q_{im} z_b b - Q_V\right\} \\ &+ \beta \sum_{k \in K} \max\left\{0, \sum_{i \in N} \sum_{j \in N} x_{ijk} t_{ij} + \sum_{i \in N_s} \sum_{p \in S_i} t_{kip} \right.\\ &+ \left. \sum_{i \in N} \sum_{m \in S_i} y_{ik} q_{im} z_b bh + \sum_{m=1}^{n_m - n_k} t_m + T_D - T_S\right\} \end{aligned} \quad (5.24)$$

其中，F_0 为个体的目标和函数值，α 为车辆装载能力违背约束惩罚系数，β 为车辆运行时间违背惩罚系数。

七、邻域结构设计

为了能够最大程度上通过对路径空间的探索来发现更高质量的解，采用普林斯（Prins）等提出的 9 种路径移动策略构成邻域结构。

令 $T(u)$ 为访问节点 u 的行程，x 和 y 分别为及节点 u 和 v 的在其所在行程中的紧后节点。9 种邻域移动操作如下：

R1：若 u 为客户节点或者虚拟 0，移除 u 并插入节点 v 之后；

R2：若 u 为客户节点或者虚拟 0 且 x 为客户或者虚拟 0，移除 (u, x) 并将其插入 v 之后；

R3：若 u 为客户节点或者 0 节点且 x 为客户节点或者 0，移除 (u, x) 并将 (x, u) 插入节点 v 之后；

R4：若 u 和 v 均为客户及节点或者 0，互换两者位置；

R5：若 u 和 v 均为客户节点或者 0 且 x 为客户节点或者 0，互换 (u, x) 和 v 的位置；

R6：若 u 和 v 均为客户节点，x 和 y 均为客户或者 0 节点，互换 (u, x) 和 (v, y)；

R7：若 $T(u) = T(v)$，将 (u, x) 和 (v, y) 替换为 (u, v) 和 (x, y)；

R8：若 $T(u) = T(v)$，将 (u, x) 和 (v, y) 替换为 (u, v) 和 (x, y)；

R9：若 $T(u) \neq T(v)$，将 (u, x) 和 (v, y) 替换为 (u, y) 和 (x, v)。

其中，R1～R3 为插入操作，R4～R6 为互换操作，R7 为路径内部的 2 – opt 操作，R8～R9 为路径间的 2 – opt 操作。

第五节　实例实验仿真

一、案例描述

本部分将以 A 汽车公司最新建成的轿车标杆工厂的总装生产线，生产的某款轿车的零部件入厂物流作为案例研究对象。A 汽车公司轿车新工厂一期工程年设计产能 36 万辆，四大工艺齐全，计划生产五款车型，总装车间占地面积 71200 平方米，操控区面积 3 万平方米，除去办公区和通道面积，实际可用面积 1.6 万平方米，总装车间主线总共 280 个工位，分为内饰一线、内饰二线、内饰三线、内饰四线、底盘一线、底盘二线、底盘三线，最终一线，最终二线，还有几条分装线：车门分装线、仪表台分装线、动力总成分装线、轮胎分装线。设计 JPH 为 60 辆。其中内饰四线装配工艺较为复杂、零部件需求种类较多，具有代表性，入厂物流运作的管理难度和成本较高，因此将内饰四线作为案例进行研究，由于标件一般采用的是批量补货和车间领料制，一次配送足够的量，并由车间进行自主管理，进行不定期的配送。该部分零件物流模式简单，对物流成本的影响不敏感，不在本书的研究范围内。

内饰四线除标件之外的供应商共 20 家，供应商的位置与零部件信息如表 5－2 所示。

表 5－2 供应商信息

供应商编号	X 坐标（经度）	Y 坐标（纬度）	零部件名称	零件号
1	106.765177	29.645289	主机厂	—
2	106.649367	29.627669	A 立柱上内饰板总成（左）	5402110 － BM01
			A 立柱上内饰板总成（右）	5402120 － BM01
			B 立柱上内饰板总成（左）	5402210 － BM01
			B 立柱上内饰板总成（左）	5402210 － BM02
			B 立柱上内饰板总成（右）	5402220 － BM01
			B 立柱上内饰板总成（右）	5402220 － BM02
			B 立柱下内饰板总成（左）	5402230 － BM01
			B 立柱下内饰板总成（右）	5402240 － BM01
			A 立柱下内饰板总成（左）	5402130 － BM01
			A 立柱下内饰板总成（右）	5402140 － BM01
3	106.623413	29.62914	后侧窗玻璃总成（左）	5403010 － BM01
			后侧窗玻璃总成（右）	5403020 － BM01
4	106.640482	29.76127	冷凝器带附件总成	8105100 － BM01
5	106.762601	29.630195	散热器带附件总成	1301100 － BM01
			冷却系统加注口总成	1303040 － BM01
			散热器总成	1301110 － AW01
6	106.585072	29.637206	冷却风扇总成	1308010 － N01
7	106.585072	29.637206	散热器溢气管总成	1303090 － BM01
			散热器进水管总成	1303010 － BM01
			散热器进水管	1303011 － BM01
			散热器出水管总成	1303030 － BM01

供应商编号	X坐标（经度）	Y坐标（纬度）	零部件名称	零件号
8	106.585072	29.637206	散热器上安装胶垫	1303015－M01
			散热器下安装胶垫	1303016－M01
9	106.585072	29.637206	中冷器总成	1119010－AW01
10	106.64188	29.763199	前保险杠侧安装支架总成（右）	2803220－BM01
			前保险杠总成	2803221－BM01
			后保险杠总成（不带倒车雷达）	2804100－BM01
			后保险杠总成（带倒车雷达）	2804100－BM02
11	106.524218	106.524218	前端模块左导风板总成	8112130－BM01
			前端模块左副导风板总成	8112160－BM01
12	106.585072	29.637206	蓄水瓶带附件总成	1311000－U02
13	106.585072	29.637206	前罩锁总成	8402200－BM01
14	106.585072	29.637206	组合后灯总成Ⅲ（左）	4133210－BM01
			组合后灯总成Ⅲ（右）	4133220－BM01
			组合后灯总成Ⅰ（左）	4133010－BM01
			组合后灯总成Ⅰ（右）	4133020－BM01
			组合后灯总成Ⅱ（左）	4133110－BM01
			组合后灯总成Ⅱ（右）	4133120－BM01
15	106.585072	29.637206	前门框密封条（左）	6107011－BM01
			前门框密封条（右）	6107012－BM01
			后门框密封条（左）	6207011－BM01
			后门框密封条（右）	6207012－BM01
16	106.585072	29.637206	倒车雷达传感器总成	7917080－MK01－BM01
17	106.600336	29.69571	组合前灯总成Ⅰ（左）	4121010－BM01
			组合前灯总成Ⅰ（右）	4121020－BM01

续表

供应商编号	X坐标（经度）	Y坐标（纬度）	零部件名称	零件号
18	106.659617	29.75795	顶盖装饰条总成（左）	5501510－BM01
			顶盖装饰条总成（右）	5501520－BM01
			顶盖装饰条前段总成（左）	5501510－BM02
			顶盖装饰条前段总成（右）	5501520－BM02
			顶盖装饰条中段总成（左）	5501530－BM02
			顶盖装饰条中段总成（右）	5501540－BM02
			顶盖装饰条后段总成（左）	5501550－BM02
			顶盖装饰条后段总成（右）	5501560－BM02
			顶盖装饰条尾段总成（左）	5501570－BM02
			顶盖装饰条尾段总成（右）	5501580－BM02
19	106.637841	29.757464	后保险杠电线束总成	4000200－BM01
20	106.667178	29.541515	门信号灯开关总成	3758010－U01
			后排安全带导向环盖	5812151－BM01
21	106.585072	29.637206	高音电喇叭总成	3721010－N02
			低音电喇叭总成	3721020－N02

　　内饰四线零部件种类共有61种，根据装配工艺流程将所有的零部件分成9个工艺编组，详细的分组信息如表5－3所示。

表5－3　　　　　　　　　　工艺编组信息

工艺编组	供应商编号	零部件编号	单位批次零部件体积（立方米）	占地面积（平方米）
1	2	5402110－BM01	21.7074	37.8
		5402120－BM01	21.7074	37.8

续表

工艺编组	供应商编号	零部件编号	单位批次零部件体积（立方米）	占地面积（平方米）
1	2	5402210 – BM01	2.688	19.2
		5402210 – BM02	2.688	19.2
		5402220 – BM01	2.688	19.2
		5402220 – BM02	2.688	19.2
		5402230 – BM01	60.939	60.9
		5402240 – BM01	60.939	60.9
		5402130 – BM01	3.36	24
		5402140 – BM01	3.36	24
2	3	5403010 – BM01	35.28	58.8
		5403020 – BM01	35.28	58.8
	4	8105100 – BM01	27.0894	47.1
	5	1301100 – BM01	121.59581	130
		1303040 – BM01	0.49728	6.72
		1301110 – AW01	20.265969	21.6
3	6	1308010 – N01	56.848	91
	7	1303090 – BM01	0.4032	2.88
		1303010 – BM01	1.008	7.2
		1303011 – BM01	0.672	4.8
		1303030 – BM01	1.008	7.2
	8	1303015 – M01	0.85248	11.5
		1303016 – M01	0.85248	11.5
	9	1119010 – AW01	49.1234	85.4
4	10	2803220 – BM01	20.16	144
		2803221 – BM01	824.4	824
		2804100 – BM01	824.4	824
		2804100 – BM02	824.4	824

续表

工艺编组	供应商编号	零部件编号	单位批次零部件体积（立方米）	占地面积（平方米）
5	11	8112130 – BM01	2.016	14.4
		8112160 – BM01	2.016	14.4
	12	1311000 – U02	2.5536	18.2
	13	8402200 – BM01	1.34976	18.2
6	14	4133210 – BM01	5.42685	9.44
		4133220 – BM01	5.42685	9.44
		4133010 – BM01	20.4907	35.6
		4133020 – BM01	20.4907	35.6
		4133110 – BM01	10.8537	18.9
		4133120 – BM01	10.8537	18.9
	15	6107011 – BM01	14.56	20.8
		6107012 – BM01	14.56	20.8
		6207011 – BM02	14.56	20.8
		6207012 – BM02	14.56	20.8
	16	7917080 – MK01 – BM01	0.8064	5.76
7	17	4121010 – BM01	148.9986	259
		4121020 – BM01	148.9986	259
8	18	5501510 – BM01	4.55	32.5
		5501520 – BM01	4.55	32.5
		5501510 – BM02	0.4032	2.88
		5501520 – BM02	0.4032	2.88
		5501530 – BM02	1.7472	12.5
		5501540 – BM02	1.7472	12.5
		5501550 – BM02	1.68	12
		5501560 – BM02	1.68	12
		5501570 – BM02	0.4032	2.88
		5501580 – BM02	0.4032	2.88

续表

工艺编组	供应商编号	零部件编号	单位批次零部件体积（立方米）	占地面积（平方米）
9	19	4000200 – BM01	1.008	7.2
	20	3758010 – U01	0.28416	3.84
		5812151 – BM01	8.064	57.6
	21	3721010 – N02	1.0656	14.4
		3721020 – N02	1.0656	14.4

　　H 物流公司是 A 汽车公司旗下的物流合资公司，是 A 汽车公司一体化物流服务商，总包了 A 汽车公司供应链物流业务，A 汽车公司的循环取货服务由 H 物流公司承担，H 公司循环取货的车型及装载能力参数如表 5 – 4 所示。

表 5 – 4　　　　　　　　　　取货车型信息

车型	车辆型号	有效装载体积（立方米）	车辆运输成本（元/趟）	增加提货点费用（元/个）
V0	4.2 米	7.5	170	30
V1	6.8 米	21.5	185	30
V2	7.6 米	24.1	200	30
V3	9.6 米	30.4	245	30
V4	12.5 米	39.6	360	30

　　由于 4.2 米车型有效装载体积小，料架零件装载不方便，拼装效率差，成本高，主要用途是应急，不作为循环提货的车型。

　　模型中的其他参数值如表 5 – 5 所示。

表 5 – 5 模型参数值

参数	值	参数	值	参数	值	参数	值
μ	3.5	η	2	σ_2	1.5	T_S	120
τ	8	δ_1	5	ε	2	T_D	15
h	8	σ_1	1.5	ω	5	T_H	120
c_u	7	δ_2	5	n_b	4	b_s	1

二、实验环境

算法在 Microsoft Visual C++6.0 平台上编译，在 Inter（R）Core（TM）i7 – 8550U CPU，1.8GHz，操作系统为 Windows XP 的笔记本上运行。基于对算法的初步测试，算法参数取值如下：$M_0 = 80$，$M = 120$，$p_{im} = 0.35$，$p_{mv} = 0.05$，$p_{mr} = 0.8$，$p_{mb} = 0.15$。

三、结果分析

运用设计的算法求解模型得到的优化方案如表 5 – 6 所示。

表 5 – 6 案例运行结果

车辆编号	车辆线路	总成本（元/天）	车辆运输成本（元/天）	仓库管理成本（元/天）	选择车型	取货批次	操控区面积（平方米）
1	1 – 2 – 1；1 – 4 – 1；1 – 18 – 1						
2	1 – 4 – 3 – 5 – 1；1 – 20 – 19 – 21 – 1	17357.1	13800	3557.1	V2 7.6 米	2	443.6
3	1 – 9 – 7 – 6 – 8 – 1；1 – 15 – 14 – 16 – 1						
4	1 – 11 – 13 – 12 – 1 1 – 17 – 1						

表 5-6 显示模型运行的最优结果：最优的取货批量为一次取 2 个批量的零部件，采用 7.6 米双飞翼的 V2 车型取货，并且 9 个工位编组的 20 家供应商分配在 4 辆取货车辆的 9 条取货线路中，使总成本达到最优。

对比优化前后的成本数据和面积优化数据如表 5-7 所示。

表 5-7 优化前后对比

对比模式	车型	运输成本（元/天）	仓库管理成本（元/天）	仓储面积（平方米）	总成本（元/天）
优化前	9.6 米	16240	11995.5	1666	28235.5
优化后	7.6 米	13800	3557.1	443.6	17357.1
优化效果	—	−15%	−70.3%	−73.4%	−38.5%

比较优化后的数据和现有物流模式下的成本和面积数据，目前主机厂要求所有的供应商采用 9.6 米的双飞翼货车送货，经过优化，新物流模式下采用 7.6 米的双飞翼货车循环取货的总成本最优，最优取货批次为一次取货 2 个批次，其中运输成本降低 15%，仓储管理成本和占用厂内物料操控区的面积得到显著优化，对比现有模式降低了 70% 以上，其中仓储管理成本下降 70.3%，仓储面积需求下降 73.4%，总成本降低 38.5%，成本优化效果和面积优化效果都非常显著。

在最优取货批量下，不同车型的运行结果对比如表 5-8 所示。

表 5 - 8   不同车型下的结果对比

车型	运输成本（元/天）	仓库管理成本（元/天）	等待成本（元/天）	仓储面积（平方米）	总成本（元/天）
V1（6.8 米）	15820	3557.1	2370.4	443.6	21747.5
V2（7.6 米）	13800	3557.1	2120.9	443.6	19478.0
V3（9.6 米）	13960	3557.1	2238.7	443.6	19755.8
V4（12.5 米）	17240	3557.1	2149.1	443.6	22946.3

在最优取货批量下，不同取货车型对取货运输成本有较大影响，7.6 米车型跟取货批量之间的匹配度最高，取货运输成本最低，由于取货批量相同，采用不同车型取货，所需的厂内物料操控区的面积相同，对相同批量零件进行作业的存储和作业成本相同，所以 7.6 米车型的总成本最优。在最优取货批量下，最优取货车型是 7.6 米双飞翼货车。

采用最优取货车型 7.6 米双飞翼车取货，不同取货批量的数据对比如表 5 - 9 所示。

表 5 - 9   不同取货批量下的结果对比

取货批量	运输成本（元/天）	仓库管理成本（元/天）	等待成本（元/天）	仓储面积（平方米）	总成本（元/天）
1	19800	1738.2	2969.2	221.8	24507.4
2	13800	3557.1	2120.9	443.6	19478.0
3	12450	4635.3	2757.1	591.5	19842.4
4	10500	6952.9	3605.5	887.2	21058.4
5	8150	13905.9	3817.6	1774.5	25873.4

在采用最优车型 7.6 米双飞翼货车取货时，不同的取货批量对应不同的运输成本，仓储管理成本和等待成本，从模型运行输出数据可以看出，当取货批量为 2 个批量时，总成本达到最优，虽然从运输成本上来看，单次取货批量越多，运输成本越少，但是所需要的仓储面积和仓储管理成本增长幅度更快，等待成本也会随着取货车辆数的增加，而导致等待成本的增加。综合各项成本之后，取货批量为 2 个批量时总成本达到最优。

四、算法性能分析

为了验证设计的种群初始化算法和混合遗传算法在求解该问题上的有效性，根据 4.5.3 小节的求解结果可知最佳车型为 7.6 米双飞翼货车、取货批次为 2，将该车型与取货批次下的案例作为基准算例，开展算法的性能测试。将本书设计的算法记为 HGA，将随机构造初始解种群的算法记为 HGA1，将不考虑局部搜索的算法记为 GA，开展三种算法的有效性对比分析。每个算法各运行案例 20 次，三种算法的运行结果分析如表 5-10 所示。

表 5-10　　　　　　　不同算法运行结果对比

算法	最优值（best）	平均值（average）	运行时间（CPU/s）
HGA	17357.1	17522.6	125.2
HGA1	17638.4	17856.2	154.3
GA	17955.3	18005.2	111.6

通过表 5－10 中三种算法的对比可以看出，设计的 HGA 算法求得的最优值和平均值均高于 HGA1 和 GA，求解时间介于 HGA1 和 GA 之间。通过比较 HGA 和 HGA1 和看出设计的种群初始算法有助于提升算法的求解速度和求解质量；通过比较 HGA 和 GA 可以发现，由于缺乏局部搜索机制，GA 较容易快速收敛，全局的求解能力较弱。

根据上述对比分析可以看出，设计的 HGA 具备的初始种群构造算法和局部搜索机制能够显著提升算法的求解质量并提高算法的求解效率，能够有效求解本部分的研究问题。

第六节　本章小结

本章在上一章解决老工厂实施基于工位编组入厂物流优化改造路径和解决了关键技术问题的基础上，将工位编组思想融入取货环节和厂内操控区环节，通过工位编组的思想改造取货供应商的分组和取货车辆路径优化，同时对物料操控区工位编组的操作优化和管理优化，通过构建对应的数学模型，集成优化取货环节、操控区及投料环节。由于该模型解空间的复杂性，根据模型的特征，针对性地构建了具备初始种群构造和局部搜索机制相结合的混合遗传算法 HGA 对模型进行求解，并通过实际案例的验证和算法性能测试，证明了该算法能够有效求解本章的研究问题。

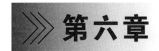

第六章

工位编组驱动的汽车零部件入厂物流配送模式应用案例

本书研究的对象是汽车零部件入厂物流，所以本章将以国内具有代表性的 A 汽车公司汽车生产基地内一个已运营多年工厂的零部件入厂物流优化和新工厂入厂物流规划作为应用研究对象。本书的调查研究的对象就是 A 汽车公司，作者在 A 汽车公司下属的 H 物流公司任职高级职务多年，对 A 汽车公司零部件物流的发展进行了多年的观察和研究，并且直接参与了 A 汽车公司两个汽车工厂的规划和优化工作，承担了其中的关键性的规划和优化工作。

第一节　A 汽车公司的背景

A 汽车公司是中国汽车工业第一阵营企业，是国家创新型企业、国际科技合作基地。20 世纪 70 年代末 80 年代初，A 汽车公司积极响应国家号召，进入汽车产业领域，逐步发展壮大。经过多年的努力和发展，该公司已成为集汽车研发、制造、销售、服务于一体，拥有2家上市公司的大型汽车集团，正向着世界一流汽车企业迈进。A汽车公司拥有8个国内生产基地、27个整车及发动机工厂，年产销汽车200多万辆，现有资产过千亿元，员工8万余人。具有微车、轿车、客车、卡车、SUV、MPV等低、中、高档，宽系列、多品种的产品谱系。A公司致力于用科技驱动产业和谐发展，为全球消费者提供汽车产品。在新能源领域，如氢内燃机、混合动力、纯电动等方面，处于国内领先、国际先进水平。依靠自我积累和滚动发展，实现汽车产业从无到有、从小到大、从弱到强，发展成为总产值突破1000亿元，品牌价值超过300亿元的国有大型汽车企业集团，成为中国汽车行业最具价值的品牌之一。

第二节　A汽车公司零部件入厂物流存在的主要问题

A汽车公司的零部件入厂物流经过最近十几年的不断发展和改善，虽然取得了较大的进步，满足了产量快速增长的需求，但是质量、成本和效率仍处于低水平，主要因素为先期规划不合理，后期改善不系统，已经成为A汽车公司战略发展和生产精益发展的重要影响因素。这个问题特别体现在A汽车公司的一个重点建设的汽车生产基地中，在该基地中有一个运营多年的工厂和2017年底才建成投产的新工厂，上述问题特别体现在运营多年的工厂中，利用本书的研究成果对该运营工厂的零部件入厂物流进行系统性优化，并指导了新工厂零部件入厂物流的规划。

A 汽车公司重点建设的生产基地中，已运营工厂的零部件入厂物流主要存在以下主要问题：

（1）物流规划和设计传统，物流模式落后。

①采用传统的物流模式层级多。当前零部件物流存在供应商直送总装车间、供应商→RDC→总装、供应商→VMI→总装、供应商→VMI→RDC→总装四种方式，模式多样，尤其是 VMI、RDC 是串联方式，重复作业环节多，作业成本高。

②当前零部件入厂物流库存高。存在供应商、VMI、RDC、车间操控区 4 级库存，库存总量居高不下，响应速度迟缓，效率低。

③过多的零部件库存等级，放大了牛鞭效应，增加了供应链库存和资金占用，不利于产品的快速切换与竞争力提升。

（2）对入厂物流的管控范围小，管控能力弱，仅仅管控进入主机厂之后的厂内物流环节，对供应商到工厂段的控制力度非常弱，进厂之前的物流由供应商主导，致使 VMI 仓库散乱。自主送货，导致厂内收货拥堵，收货效率低，物流资源浪费严重。

①主机厂周边中储数量多，分布在工厂周边几公里到几十公里范围，物流水平参差不齐，不利于集中管控。目前拥有 17 家VMI 仓库，最远 35 公里，最近 2 公里；其中最多服务供应商 42家，最少仅服务 1 家供应商，不利于管控。

②供应商追求低成本，选择仓储条件差的中储，响应速度及零件质量无法保障，不利于保证零部件的安全和服务品质。

（3）零部件入厂物流信息系统能力弱，无法支撑生产顺序一致性。

入厂物流体系缺乏信息系统对各环节的信息及流程进行整合，形成了孤岛式管理，导致作业成本高、同步性差、交付异常多，无法有效支撑生产制造顺序一致性。

（4）现有零部件入厂物流模式不能有效支持产能提升，在应对多品种、多车型的混线生产和快速切换上比较困难。

现有零部件入厂物流模式是靠高库存来支持生产，大量的库存需要较大的厂内库房面积，同时零部件采用传统的方式存放，拣货效率和周转效率比较低，导致单位面积支持的产能比较低，生产线产能和线速的提升受到较大的制约。

第三节　A公司已运营工厂工位编组驱动的零部件入厂物流优化

2017年上半年，按照WSMDM物流模式已运营工厂的零部件入厂物流体系进行优化，入厂物流的优化分为四个主要部分：

1. 打造统一集中管控的VMI

A公司委托其LLP物流服务商H物流公司，按照LLP的物流模式整合厂外分散的VMI库房，集中到离A公司5千米范围内的VMI库房进行集中统一管理；将供应商主导建立的17家分散的VMI库房，进行集中管控，由H物流公司提供专业的、可靠的零部件物流服务，现有的17家VMI库房位置，距离主机厂的距离和服务的供应商数量如表6-1所示。

表6-1　　　　　　　　　现有的17家VMI库房情况

中储名称	面积（平方米）	自建厂房或租赁	服务供应商数量（初步）（个）	与主机厂距离（千米）
1	5400	租赁	14	4
2	8000	租赁	42	2
3	12000	租赁	20	5
4	2000	租赁	4	10
5	8000	租赁	7	35
6	3600	租赁	10	3
7	2000	租赁	9	4
8	7000	自建	9	4
9	4000	租赁	1（自有）	30
10	11000	租赁	3	30
11	4500	租赁	3	4.5
12	4000	租赁	2	20
13	3000	租赁	1	30
14	6000	租赁	2	25
15	4800	租赁	6	4
16	8000	租赁	2	25
17	1500	租赁	1	32

2. 实施全面的循环取货

A公司采购部、物流部、工厂和H物流公司成立联合工作小组，根据供应商的分布，将所有供应商的送货统一纳入工厂取货范围，包括POP直送供应商也统一纳入取货范围，将所有的取货操作，统一委托给 H 物流公司进行操作和管理，远程供应商的循环取货点设置在集中统一的 VMI 库房，近程供应商和 POP 供应商直接上门取货，所有的车辆调度、供应商分组、取货线路设计统一由 H 物流公司来设计、调度和实施。

3. 优化和调整物料操控区

正在运营工厂按照传统的物流模式规划了 RDC，RDC 和总装车间有一定的空间距离，对物流操作影响较大，需要专门的转运工具，建厂规划时的厂内布局如图 6－1 所示，RDC 和总装虽然都在厂内，但是是分离的。

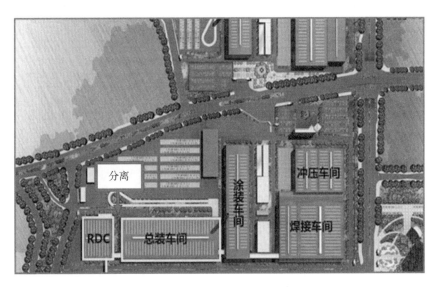

图 6－1　运营中的工厂厂内布局

根据 WSMDM 物流模式对 RDC 和物料操控区的优化，将原有的 RDC 变为生产线边操控区，由于总装线调整比较困难，只能整合 RDC 和总装车间的物流作业功能区，并将 RDC 和总装的分离式布局优化成一个整体，形成新的物料操控区，使物料操控区和总装线变成物理隔断式布局，即 RDC 和总装车间之间新增建筑，连成一个整体，去掉原有的 RDC 环节，新操控区内部按照生产线的工艺路线进行布局优化。并使循环取货车辆的发车点和卸货点都调整为物料操控区。优化的布局如图 6 - 2 所示。

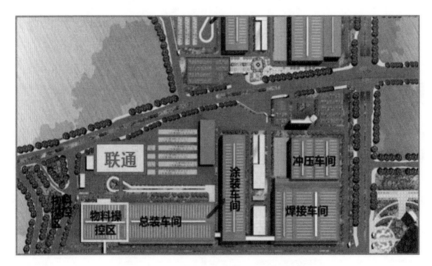

图 6 - 2　运营中的工厂厂内布局优化

4. 调整物流部职能

根据 WSMDM 物流模式对工厂物流管理职能的优化，将物流规划、运输管理、供应商入厂物流绩效考核、零部件跟踪、厂外 VMI 库房管理、厂内物料操控区管理、投料管理职能集中，统一由物流部负责，由工厂物流部进行集中管理和协调，总部物流部对工厂物流部的工作进行支持和协助。

第四节 A公司新工厂工位编组 驱动的入厂物流规划

前文是应用 WSMDM 物流模式对 A 公司多年运营的工厂零部件入厂物流的优化,本节将研究 A 公司 2017 年底建成新工厂零部件入厂物流规划时,按照 WSMDM 物流模式对零部件入厂物流进行规划的应用情况。

一、基于工位编组的新工厂总体规划

根据 WSMDM 物流模式,新工厂零部件入厂物流的规划如图 6-3 所示,改变 A 公司原有物流模式,按照取货一体化、仓储一体化和物流标准化/信息化的大原则,采用 WSMDM 物流模式对新工厂零部件入厂物流进行规划。

新工厂物流模式较传统物流模式的几大明显的变化如下:

(1)物流模式发生了根本性的变革,全面推行循环取货模式,将直送供应商和远程供应商都纳入由主机厂指定的物流服务商的循环取货体系内。近程供应商和 POP 供应商直接采用循环取货的模式进行取货和配送,远程供应商集中进入主机厂统一规划的 VMI 库房。改变老工厂 VMI 库房散乱的局面,并将集中统一的 VMI 库房作为远程供应商的取货点,将远程供应商也纳入统一的循环取货体系,从而有效地实现对入厂物流的全过程管控,从

零部件出厂到生产线装配工位进行全流程管理。

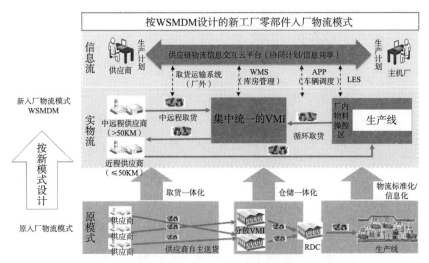

图 6-3 新工厂零部件入厂物流整体规划

（2）入厂物流环节优化，取消传统物流模式中的 RDC 环节，将物料操控区和装配线进行一体化设计，物流和装配制造进行融合性设计，物料操控区采用包裹式的设计理念，将工位所需物料设置在最优的配送位置，提升投料效率。

（3）入厂物流环节的零部件库存水平大幅下降，极大地降低了供应链零部件库存水平。近程供应商库存由原来的 3 天安全库存变为 1 天或者一个班次的库存，取消原 RDC 持有的 1 天的安全库存，将远程供应商 7 天的安全库存，减少到 1~3 天。生产线的线边库存控制在 2~4 小时。

（4）物料操控区和 VMI 库房内的布局发生了彻底改变，库房内不再按照供应商及零部件属性进行库区和库位设计，而是按照生产线工艺流程进行库内零部件布局设计，有效地提高了拣货效率和零部件周转效率。

（5）取货环节按照工位编组的要求进行供应商编组和线路规划，提高零部件的快进快出的速度和投料效率。

（6）搭建统一的零部件信息平台，整合主机厂内部的相关信息系统，将 ERP、MES、LES、OTD 等系统进行有机整合，通过 Portal 平台开放给供应商和物流服务商，并通过平台接口，跟供应商信息系统和物流服务商信息系统进行有机整合。

二、基于工位编组的物料操控区布局规划

WSMDM 物流模式将总装生产线和物料操控区进行一体式的设计，并且操控区按照总装的工艺流程进行布局，新工厂按照 WSMDM 模式对总装车间内部的生产线和物料操控区进行物流和制造一体化规划，采用包围式的方式规划物料操控区，物料操控区和装配车间的整体规划如图 6-4 所示。

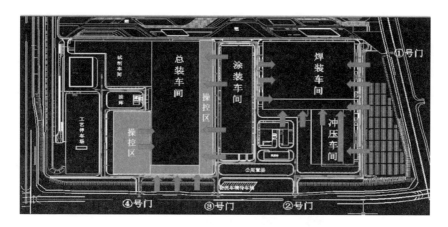

图 6-4 操控区和生产线一体式规划

　　总装车间生产线分为内饰一线、内饰二线、内饰三线、内饰四线、地盘一线、地盘二线、地盘三线、最终一线、最终二线和几条分装线，总装生产线工艺布局如图 6 - 5 所示。

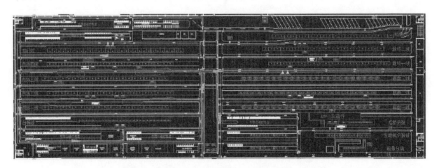

图 6 - 5　新工厂总装生产线工艺布局

　　物料操控区按照生产线工艺编组的方式对零部件进行布局，并结合 P 链、Kitting 进行操控区内部设计，物料操控区的详细设计如图 6 - 6 至图 6 - 8 所示。

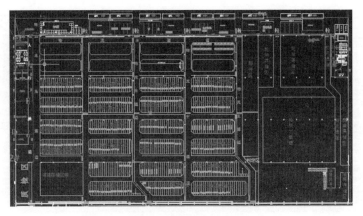

图 6 - 6　新工厂物料操控区布局（1）

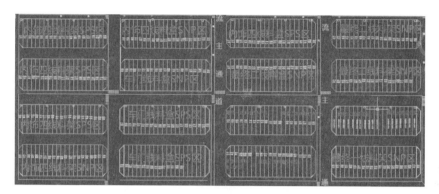

图 6 - 7　新工厂物料操控区布局（2）

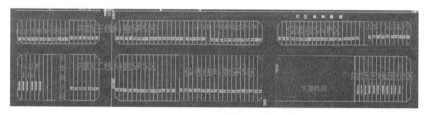

图 6 - 8　新工厂物料操控区布局（3）

三、基于工位编组的取货物流规划

A 汽车公司的新工厂全面推行循环取货模式，将所有的供应商纳入循环取货范围，新工厂的零部件入厂物流团队在经过了详细的调研、对标、方案设计之后，设计了详细的循环取货的执行方案，循环取货的操作流程示意如图 6 - 9 所示。

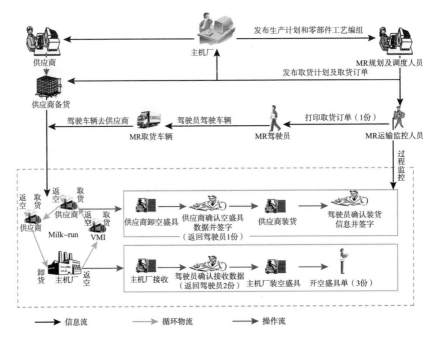

发布生产计划和零部件工艺编组

供应商

主机厂

MR规划及调度人员

发布取货计划及取货订单

供应商备货

驾驶车辆去供应商 驾驶员驾驶车辆 打印取货订单（1份）

MR取货车辆 MR驾驶员 MR运输监控人员

过程监控

返货 取货 返空 取货

返空

供应商 返空 取货

供应商 VMI

Milk-run

卸货 主机厂 返空

供应商卸空盛具 供应商确认空盛具 供应商装货 驾驶员确认装货
数据并签字 信息并签字
（返回驾驶员1份）

主机厂接收 驾驶员确认接收数据 主机厂装空盛具 开空盛具单（3份）
（返回驾驶员2份）

→ 信息流　　→ 循环物流　　→ 操作流

图 6 - 9　轿车新工厂循环取货操作流程示意

四、新工厂零部件物流信息系统平台架构

为满足 WSMDM 物流模式对零部件入厂物流信息系统的要求，A 汽车公司本着打造一体式数字化物流和数字化供应链为建设目标进行零部件信息系统的整合和搭建。新搭建的信息系统平台的构架如图 6 - 10 所示，系统通过物联网层，将智能设备的实时状态信息通过以太网或者 GPRS 的方式实时上传给提供基础服务的大数据平台和电子地图服务平台。基础服务平台将业务应用系统所需的信息提供给各业务应用系统，通过业务应用系统对供应商、承运商、运输车辆和厂内的物流相关业务进行管理，并

协同供应商、承运商和主机厂，通过系统功能接口，连接销售系统、生产系统、盛具管理系统和物流设备管理系统等相关的信息系统，然后通过展现层的 Web、微信或 Portal 等方式进行展现，方便与管理人员的交互。

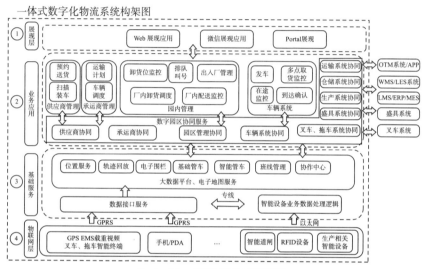

一体式数字化物流系统构架图

图 6-10　物流信息系统架构

为了保证一体化数字物流顺利有效地实施和取得良好的运行效果，汽车供应链特别是零部件入厂物流的标准化和数字化工作是基础，需要对零部件入厂物流进行全价值链的标准化和数字化工作，以下是 A 汽车公司轿车新工厂基于全价值链的标准化和数字化总体规划，从规划标准、模式标准、包装标准、成本核算标准、信息系统标准、设施设备标准、评价标准等方面进行标准化和数字化，按照标准建立、标准执行、标准检查评价和标准的持续改善四个方面进行具体实施，如图 6-11 所示。并按照总体规划构建和完善零部件物流信息管控平台，变革业务流程，缩短响应时间，打造高效率、敏捷的数字化供应链。对库存管理系统、排序系统、送货和取货指示系统、发动机管理系统、ANDON 系统和 PORTAL 平台进行升级和改造。

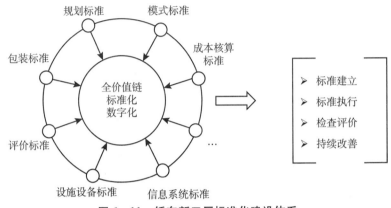

图 6 – 11　轿车新工厂标准化建设体系

五、新工厂物流管控模式

在 WSMDM 模式下，零部件入厂物流的管控范围将扩展至供应商零部件出厂环节，有效增强了对零部件入厂全流程的管控，强化了主机厂对零部件入厂物流的掌控，提升了零部件生产保供的稳定性和面对市场变化的快速响应能力。WSMDM 模式下零部件入厂物流管控范围的变化如图 6 – 12 所示。

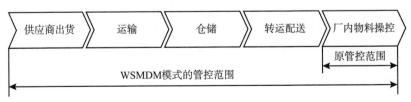

图 6 – 12　入厂物流管控范围的变化

在 WSMDM 模式下，A 汽车公司在新工厂继续采取 LLP 的管理模式对入厂物流进行管理，将轿车工厂所有的物流业务统一打包给 H 物流公司运营和管理。H 物流公司是 A 汽车公司主导成立的一家专业的汽车物流公司，成立的目的和初衷就是为 A 汽车公司提供专业的汽车物流服务。新工厂采取的管控模式如图 6－13 所示。

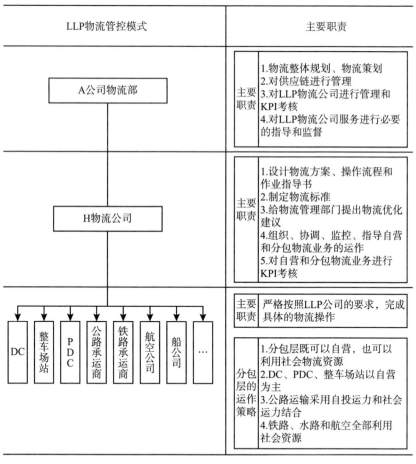

图 6－13　新工厂入厂物流管控模式

工厂物流部门对 LLP 物流服务商 H 物流公司的团队进行管理，物流部的主要职责是整体规划、执行监督和考核，协调和解决物流运营中出现的各种问题，并对物流过程的持续优化负责。

第五节　应用效果分析

A 汽车公司 2017 年上半年开始对正在运营的工厂按照 WSMDM 物流模式对入厂物流体系进行优化，2017 年底完成第一个阶段的优化工作，新工厂的零部件入厂物流按照 WSMDM 进行规划，2017 年底建成投入运营。通过一年的运营，对比原有物流模式下的各项指标，取得了比较明显的应用效果，具体如下：

（1）A 公司重点建设的汽车工业园区，构建了新的零部件入厂物流体系，对原有物流模式进行了彻底的变革，成功地将零部件的管控范围扩展到供应商零部件出厂环节，实现了零部件从供应商出厂到主机厂总装工位的全过程管理，提高了对零部件入厂物流的管控力度。

（2）改变供应商自主送货模式，全面实施工厂取货，跟原有模式相比，效果明显：

①零部件运输成本节约 15%；

②MR 线路通过拼载，较供应商自主送货的装载率提升了 42%；

③提前风险预警，主机厂提前应对零部件供应风险；

④实现精准交付，杜绝超量投放，降低入厂物流环节的库存量，特别是主机厂内库存量。

（3）变革厂外散乱的 VMI 库房，由指定的物流服务商 H 物流公司集中统一管控，形成一体化的 VMI 库房，效果明显：

①VMI 库房面积减少：距离近，响应快，物料操控区缓存少，VMI 库房面积减少 35%；

②运输效率高：距离近，取货效率高，运输效率提升 40%；

③运行成本低：综合运行成本每年减少 1500 万元；

④保供风险低：距离越近，保供风险越低；

⑤功能整合：整合中储与物料操控功能，提高取货效率。

（4）已运营工厂总装和操控区的一体式优化，取消 RDC 环节，将 RDC 改造成厂内物料操控区，并物理联通操控区和总装车间，减少配送距离。

（5）新工厂总装、物流操控区和总装生产线按照包围式的物流制造一体化布局方式布局，相比已运营工厂原有模式的同类指标，新工厂取得了明显的应用效果：

①新工厂配送距离近：配送距离平均减少 60%；

②操作效率高：人均操作效率提升 63%；

③库房面积小：响应时间缩短，安全库存减少，库房需求面积减少 50%，库存资金占用减少 50%；

④装卸次数少：减少 1 次装卸操作，效率提升 10%；

⑤资源投入少：减少运输车辆投入 30 辆；

⑥运行成本低：综合运行成本每年减少 1500 万元以上。

第六节 本 章 小 结

本章首先总结了 A 汽车公司零部件入厂物流存在的主要问题，然后按照 WSMDM 物流模式对已运营工厂的零部件入厂物流系统进行系统性优化，接着展示了新工厂按照 WSMDM 物流模式对零部件入厂物流体系进行了规划，通过运营一年的数据分析，产生了良好的应用效果，证明了该模式的有效性和可行性。

第七章

总结与展望

第一节 总 结

汽车零部件物流因其专业性以及对汽车产业的强大支撑作用，得到了快速发展。随着国内汽车产业的迅速崛起，传统的入厂物流模式和管理方法已经制约了汽车产业的发展，而且中国汽车产业已经经历了井喷式的快速发展阶段，开始进入缓慢发展的新阶段，同时中国消费者的消费观念日益成熟和个性化，需要更加具备时代性和技术性的物流模式和理论来支持未来汽车零部件物流的发展。本书在对汽车物流入厂物流系统进行详细研究的基础上，构建了 WSMDM 新物流模式，设计了该模式的优化路径和并研究了优化中的关键技术问题。

本书在深入理解零部件物流基本内容和入厂零部件物流基本原理的基础上，提出一种基于工位编组的零部件物流配送模式。

同时，本书从取货物流的流程和物料操控区布局两个方面设计了基于工位编组的零部件入厂物流的基本体系，并对该模式下的物流运营管理模式进行了深入研究。

在基于工位编组的入厂物流配送模式和物流运营管理模式下，为了提高该模式的鲁棒性，本书进一步设计了一种结合遗传算法（GA）和局部搜索（LS）的混合遗传算法，并通过实际案例验证了该算法的有效性。

为了实现"取货即所需，到货即可投"的精细化物流设计目标，本书还利用混合遗传算法对基于工位编组的入厂物流车辆路径和库容进行了集成优化的深入研究。

最后，本书将设计的工位编组配送模式和运营管理模式应用于 A 公司的实际运营中，对最终结果进行了全面分析，以验证本书研究的有效性。

最终得出以下三个主要研究结论：

（1）对汽车零部件入厂物流系统进行了深入研究，通过工位投料编组驱动的思想将入厂物流系统和生产系统进行优化和整合，提出了工位投料编组驱动的汽车零部件入厂物流模式，为深入研究汽车零部件入厂物流的优化奠定了理论基础。构建了 WSMDM模式，提出了 WSMDM 的优化路径以及优化中需要解决的关键技术问题，设计了工位编组驱动模式下的取货物流流程，提出了物料操控区和装配线一体化的整体设计思想。构建了 WSMDM 模式的支撑体系：物流管理职能变革、运营主体、物流协同模式以及信息系统平台，为零部件入厂物流优化提供了理论指导和方法论。

（2）设计了运营场景下的 WSMDM 优化路径，并研究了优化中的关键技术问题：在总成本最优的约束下，研究了已运营场景优化中的取货成本、仓储成本和管理难度的权衡问题，进行了鲁棒性的零部件入厂物流优化，构建了考虑鲁棒性的零部件入厂物流优化数学模型，通过 Hoeffding 定理将不确定性转化为鲁棒优化问题，设计了自适应遗传算法与局部搜索相结合的一种混合启发式算法进行问题求解，求解出成本最优情况下，鲁棒性最强的执行计划，最后通过实际案例验证了模型的正确性和优化效果，并通过算法的对比验证了本书的混合遗传算法的有效性。

（3）对理想应用场景下的全新工厂按照 WSMDM 进行规划和设计，研究了最优化场景中的关键技术问题，循环取货、厂内操控区库容及投料的集成优化，构建了综合考虑车型选择、取货批量、车辆调度、车辆路径的多目标数学优化模型，提出了一种融合遗传算法和局域搜索算法的混合遗传算法，拓宽了零部件入厂物流集成优化的范畴，为零部件入厂物流的集成优化提供了一种多目标优化的解决思路。最后通过实际案例验证了模型的正确性和有效性，并通过算法性能分析，验证了算法的可行性和有效性。

第二节 汽车零部件物流未来研究展望

一、汽车零部件入厂物流后续研究展望

虽然本书对汽车零部件入厂物流配送优化问题进行了系统的

研究，并取得了一定的研究和应用成果，为解决实际问题提供了有益的工具方法和理论支持，但汽车产业和物流行业都处于快速发展和变化中，且零部件入厂物流具有复杂性和需求多样性特征，仍有许多问题需要进一步深入研究和探索：

（1）随着中国汽车市场和产业集群的进一步发展，在同一个产业集群区出现多个主机厂的集群和零部件园区集群，本书由于时间原因，只是研究了单主机厂的工位编组投料模式，多主机厂背景下的入厂物流工位编组投料模式和数学模型需要开展进一步的研究。

（2）未来汽车行业会朝着定制化生产的方向发展，工位编组驱动的零部件入厂物流如何满足定制化生产中多样性和多变性需求是未来需要重点研究的课题。

（3）全球汽车产业即将迎来电动汽车的时代，电动汽车的车身结构和关键零部件将会发生巨大变化，模块化、模组化和智能化趋势会更加明显，装配工艺和流程也会随着发生巨大变化，未来的汽车零部件入厂物流如何适应和满足汽车产业发展变化将是未来值得研究的一项重要课题。

（4）目前汽车产业采用的都是基于固定工位的流水线生产模式，入厂物流体系的配送都是基于固定工位模式的解决方案，本文研究的也是工位固定的流水线生产模式。欧美等汽车工业发达的国家正在研究移动工位，在移动中进行装配，未来可以进行这方面前沿技术的跟踪和研究，为国内汽车产业提供新的解决方案，为学术研究提供新的研究方向和研究点。

（5）如何利用物联网、人工智能、大数据等新技术改善和提升零部件入厂物流的效率，降低物流成本，也是未来值得深入研究的课题。

（6）随着技术的进步，汽车定制的个性化时代必将到来，汽车零部件入厂物流如何在个性化和定制时代，采取何种物流模式和方法手段满足新需求环境下的生产和制造，也是值得深入研究的课题。

（7）由于供应商距离主机厂的距离不同对取货模式提出了更高要求，远距离的供应商需要采用循环取货送至集货中心，近距离和集货中心的货物需送至区域配送中心进行排序缓存，所以集货中心和区域配送中心的选址直接影响着整个汽车零部件入厂物流的成本优化。不同取货模式的集货中心或区域配送仓库的选址也是一个值得研究的课题。

（8）供应链管理是重要的战略资源，是企业保持竞争优势不可或缺的手段。入厂物流作为供应链中的一环，也需要考虑供应链韧性问题，当一个汽车企业的入厂物流能够保持良好的供应链韧性时，该企业在汽车行业也能够获得竞争优势。

（9）早期的入厂物流模式只有六种，而个别模式存在较大的问题，如传统的供应商直送模式存在物流成本不透明、价格水分大等问题，已经无法满足企业发展的需要，所以随着汽车物流行业的发展，模式需不断创新以满足企业提高竞争力、拓展业务空间的需求，在这个过程中诞生了第三方物流模式和循环取货模式等。针对入厂物流模式的创新研究具有学术研究意义和现实应用意义。

（10）环境不断变化，汽车入厂物流需要考虑的成本要素增多，未来的研究主要是思考如何协同新旧成本要素，优化入厂物流成本。既有的研究探索了库存与运输、库存与时间窗、运输与时间窗等成本要素的协同问题，生产与时间窗的协同问题也许是未来一个非常有价值的研究方向。

二、汽车零部件物流未来研究展望

随着汽车行业环境的不断变化，新的约束条件被不断地提出，在未来的研究工作中，零部件物流仍存在很大的发展空间，其未来的研究方向主要集中在以下几个方面：

（1）物联网技术的应用：科技不断发展，时代不断进步，制造业和供应链日益复杂，越来越多的企业选择利用物联网技术，通过传感器和智能设备的连接，可视化物流各环节，打造智能管控一体化平台和智能管理平台，提升市场竞争力、建设企业品牌形象、推动物流智能化发展和降低成本，实现精细化管理；

（2）技术优化与创新：我国的物流硬技术已经发展到较高水平，将来需要研究如何更好地优化组合与衔接硬技术。此外，物流软技术也有待创新研究，如区块链、无人驾驶、数字孪生、新能源、新材料等技术。利用这些技术，减少人力成本和运输时间，提高安全性和物流效率，为汽车零部件物流带来更多的创新和便利，是值得研究的方向；

（3）灵活化和个性化服务：随着消费者需求的多样化和个性化要求，物流服务商需要提供更加灵活的物流解决方案，包括定制化的运输和派送服务，以满足不同客户的需求；

（4）优化库存管理体系：优化库存管理体系对于提高汽车零部件物流运输效率具有非常重要的意义。现阶段，汽车生产企业在优化库存管理体系的时候主要从两方面入手。一是与供应商合作进行库存管理，根据实际的市场需求与供应商拟定生产方案，同时拟定相应的库存管理方案，保证上下级供应商之间的有效沟通。再结合自身的库存情况，向上下级供应商明确供应量，优化库存管理方案。二是采用联合库存管理方法，基于供应链，加强企业信息之间的沟通，保证信息的真实性、完整性。如何充分发挥联合库存的优势，制定科学合理的库存策略，解决库存管理难题是需要研究的课题；

（5）绿色和可持续发展：当今世界越来越注重环境保护和可持续发展，绿色物流是为了使物流资源得到最充分的利用，从而实现对物流环境的净化。汽车零部件物流优化的目标是充分利用物流资源，增加利润。两者对目标的思考不谋而合，为彼此的融合提供可行性。为了可持续发展，汽车零部件物流优化需要考虑到绿色物流的理念。如何将绿色物流融入零部件物流中，减少资源消耗、环境污染和社会影响，推动零部件物流更加健康、可持续地发展，是重要的研究方向；

（6）供应链协同和伙伴关系：经过几十年的发展，我国汽车企业已经初具规模，由最初的单一发展模式逐渐实现了多元化发展模式，但汽车企业供应链涉及众多节点企业，实现供应链协同管理是汽车企业发展过程中要解决的重要问题。供应商、制造商、物流服务商等，通过建立紧密的合作伙伴关系，共享资源和信息，提高整体的物流效率和质量，从而实现供应链的整合和优化。

第三节　本章小结

　　本章首先回顾全书，总结得出三个主要研究成果，分别是构建了工位投料编组驱动的汽车零部件入厂物流模式；设计了运营场景下的 WSMDM 优化路径，并研究了优化中的关键技术问题；对理想应用场景下的全新工厂按照 WSMDM 进行规划和设计，研究了最优化场景中的关键技术问题。其次汽车产业和物流行业都处于快速发展和变化中，且零部件入厂物流具有复杂性和需求多样性特征，仍有许多问题需要进一步深入研究和探索。最后展望汽车零部件物流未来研究方向，如何应用物联网、灵活化和定制化服务、绿色可持续发展等技术和策略，实现物流的智能化、高效化和可持续发展，为汽车零部件供应链提供更优质的服务。

附录　汽车零部件物流核心专业词汇释义

1. 汽车物流

汽车物流是集现代仓储、保管、运输、搬运、包装、产品流通及物流信息于一体的综合性管理，是连接原料供应商、零部件供应商、主机厂、经销商、物流服务商及终端客户的桥梁，更是实现汽车从生产到消费各个流通环节的有机结合。对汽车制造企业来说，汽车物流包括生产计划制订、采购订单发布及跟踪、物料清单维护、供应商的管理、排产计划制定、运输管理、进出口零部件管理、零部件的接收、仓储管理、拣配货及在制品的管理和生产线的物料管理、整车的发运等。

2. 汽车零部件入厂物流

汽车零部件入厂物流是汽车企业根据生产、经营和战略目标的需要，及时快速地提供和组织零部件物品的物流活动。包括零部件运输、仓储以及配送三个物流环节。零部件入厂物流首先是一项追求物流增值的经济活动，是确保零部件在提供者、组织者与需求者和生产线之间顺利流动的经济活动。

3. MTS（Made To Stock）

MTS 即按库存生产，是一种生产模式，企业会根据市场预测或历史销售数据，提前生产出产品并保持库存，以便于在接到客户订单时能够迅速发货，满足客户需求。这种模式适用于那些产品标准化程度高、市场需求稳定且可预测的产品，例如日常消费品、包装饮用水、清洁用品等

在 MTS 模式下，企业需要具备较强的市场预测能力和库存管理能力，以确保库存水平既能满足市场需求，又不会造成过度积压和浪费。这种模式的优势在于能够快速响应市场，缩短交货时间，提高客户满意度。然而，它也存在一定的风险，如市场需求预测不准确可能导致库存积压或缺货

4. MTO（Made To Order）

MTO 即按订单生产，只有在有销售订单的情况下，才生成计划订单、生产订单，并且生产入库后，是特殊的销售订单库存，创建交货单及外向交货时，必须是挂销售订单的。在所有按订单生产的物料涉及到的单据，都会带有销售订单信息。主要包括以下特点：（1）定制化产品：产品需要根据客户的具体要求进行设计或制造，因此无法提前预测并生产库存。（2）长生产周期：产品生产周期较长，或者涉及复杂的定制过程，使得提前生产并不经济。（3）高价值或大型产品：产品通常具有较高的价值，可能需要定制的组件或材料，这些通常不会作为库存持有。（4）小批量生产：市场需求量不大，或者订单频率较低，使得按订单生产

比维持库存更为合理。

MTO 模式要求企业具备灵活的生产系统和高效的供应链管理能力，以确保能够快速响应订单并满足客户的交货期要求。同时，MTO 模式也要求企业在生产计划和物料管理上具有较高的灵活性，以适应不同客户订单的个性化需求。

5. LLP（Lead Logistics Partner）

LLP 是指主要物流服务提供商，它是一个专业的第三方物流服务提供商，承担着在管理和协调公司或特定项目的整个物流和供应链活动中心和战略角色。LLP 的主要责任是通过监督运输、仓储、库存管理、订单履行和信息技术等多个方面来简化和优化物流流程。作为单一联系点，LLP 提供端到端的供应链解决方案，并确保多个服务提供商之间的无缝协调。该模式比第三方物流模式更进一步，具有领导地位的物流合作伙伴不仅在该主机厂众多的物流服务商中起主导作用，更为重要的是与主机厂建立了紧密而良好的战略合作伙伴关系。LLP 模式在汽车制造企业中尤为常见，其中 LLP 与汽车制造企业建立紧密的良好的战略合作伙伴关系，从而更好地对复杂的入厂物流业务进行全面的管理。在这种模式下，LLP 的职责远远超越了传统第三方物流的范围，包括制定、执行、控制汽车制造企业每月、每周、每日的入厂物流计划。LLP 模式的优势如下：

（1）整合供应链：LLP 能够整合汽车制造企业的物流需求，包括零部件采购物流、入厂物流、整车销售物流和售后备件物流，实现物流信息平台与汽车制造企业信息系统的无缝对接，提升汽车产业链整体效益。

（2）提高效率和降低成本：通过 LLP 的一体化服务，可以优化删减掉重复低效的流程节点，实现数据共享和全链路流程节点设置，从而实现可持续性真实降本。

（3）增强供应链的灵活性和韧性：LLP 通过与汽车制造企业、零配件供应商共享有效连接的信息系统，实现高效、准确的库存管理，并在限定时间内按照汽车制造企业生产计划要求准确完成零部件的拣货和配送工作，实现物料的 JIT 生产配送作业。

（4）提升客户满意度：LLP 作为单一联系点，提供端到端的供应链解决方案，确保多个服务提供商之间的无缝协调，从而提高客户满意度。

（5）优化物流网络：LLP 可以利用其全球网络和资源，优化汽车制造企业的物流网络，提高运输效率，降低物流成本。

（6）支持可持续发展：LLP 可以帮助汽车制造企业实现供应链的可持续性，例如通过优化运输路线和方式，减少碳排放，支持环保目标的实现。

（7）应对行业挑战：LLP 通过提供灵活的供应链解决方案，帮助汽车制造企业应对半导体短缺、原材料成本波动和地缘政治危机等挑战，确保供应链的稳定性和可靠性。

（8）技术和创新：LLP 通常拥有先进的技术和创新能力，可以为客户提供定制化的物流解决方案，提高物流效率和响应速度。

（9）优先服务：LLP 可以为汽车制造企业提供优先服务，确保客户的需求得到快速响应和满足，减少供应链中断的风险。

LLP 在帮助汽车制造企业应对供应链中断的风险方面，采取了多种具体措施，以下是一些关键策略：

（1）供应链可见性和透明度：LLP 通过实施先进的物流控制塔和实时跟踪系统，提供全供应链的可见性和透明度。这使得企业能够及时识别和响应潜在的中断风险。

（2）多元化供应链网络：LLP 帮助企业建立多元化的供应链网络，减少对单一供应商或单一地区的依赖。通过在不同地区建立冗余供应链节点，增强供应链的韧性。

（3）风险评估和管理：LLP 与企业合作进行全面的风险评估，识别供应链中的关键节点和潜在风险。通过制定应急预案和风险缓解策略，确保在中断发生时能够迅速响应。

（4）灵活的运输和物流解决方案：LLP 提供灵活的运输和物流解决方案，包括多式联运、替代运输路线和紧急运输服务，以确保在供应链中断时仍能保持货物的流动。

（5）库存管理和优化：LLP 通过优化库存管理，保持适当的安全库存水平，以应对供应链中断带来的需求波动。通过数据分析和预测模型，优化库存配置，减少库存成本。

（6）供应商协同和合作：LLP 与供应商建立紧密的合作关系，促进信息共享和协同作业。通过与供应商的紧密合作，确保供应链的稳定性和连续性。

（7）技术和创新：LLP 利用先进的技术和创新，如物联网（IoT）、区块链和人工智能（AI），提高供应链的可视性和可追溯性，增强对供应链中断的预警和响应能力。

（8）应急响应和恢复计划：LLP 帮助企业制定和实施应急响应和恢复计划，确保在供应链中断时能够迅速恢复运营。通过模拟演练和应急演习，提高企业的应急响应能力。

（9）成本控制和优化：LLP通过优化运输路线、谈判优惠费率和实施成本控制措施，帮助企业降低物流成本，从而减少供应链中断带来的财务压力

6. JIT（Just In Time）

JIT是一种管理方法，最初用于生产和物流领域，后来扩展到其他行业和领域。它的核心思想是"及时"，即在需要的时候，以需要的数量，提供需要的产品或服务。JIT的目的是减少浪费、提高效率、降低成本，并提高响应速度。JIT生产方式的基本思想是"只在需要的时候，按需要的量，生产所需的产品"，也就是追求一种无库存，或库存达到最小的生产系统。这种生产方式以准时生产为出发点，首先暴露出生产过量和其他方面的浪费，然后对设备、人员等进行淘汰、调整，达到降低成本、简化计划和提高控制的目的。在JIT模式下，零部件的交付时间和数量是精确计算的，以满足生产进程的要求，从而最大限度地提高生产效率。

JIT生产方式的核心要素主要包括以下方面：

（1）适时适量生产：这包括生产同步化和生产均衡化。生产同步化指的是工序间不设置仓库，前一工序的加工结束后，使半成品立即转到下一工序去，装配线与机械加工几乎平行进行。生产均衡化则是实现适时适量生产的前提条件，要求总装配线在向前工序领取零部件时应均衡地使用各种零部件，生产各种产品。

（2）弹性配置作业人数：根据生产量的变动，弹性地增减各

生产线的作业人数，以及尽量用较少的人力完成较多的生产。

（3）质量保证：在 JIT 生产方式中，通过将质量管理贯穿于每一工序之中来实现提高质量与降低成本的一致性，具体方法是自动化。自动化是指融入生产组织中的两种机制：第一，使设备或生产线能够自动检测不良产品；第二，生产第一线的设备操作工人发现产品或设备的问题时，有权自行停止生产的管理机制。

（4）看板管理：看板是 JIT 生产方式中的一种重要工具，用于控制生产和运送的工作指令，防止过量生产和运送，同时也是改善的工具。通过不断减少看板数量来减少在制品的中间储存。

（5）资源配置合理化：在生产线内外，所有的设备、人员和零部件都得到最合理的调配和分派，在最需要的时候以最及时的方式到位。

（6）供应链整合：JIT 需要与供应链中的供应商建立紧密的合作关系，以确保原材料、零部件和信息的流畅传递，降低库存水平。

（7）持续改进：JIT 注重不断改进生产流程和效率，通过采用持续改进的原则，不断寻找并解决生产中的问题，提高整体效能。

（8）快速交付：JIT 的目标之一是实现快速的产品交付，从而缩短交付周期，更快地响应市场变化。

（9）质量控制：JIT 强调在生产过程中实现零缺陷，通过提高生产质量，减少次品率，降低废品和返工成本。

（10）员工培训和多技能化：为了适应灵活的生产环境，JIT 注重员工培训，使其具备多方面的技能，能够胜任多个岗位。

（11）信息技术支持：JIT 依赖于信息技术来实现及时、准确的信息流，以便更好地进行生产计划和资源调配。

7. JIS（Just In Sequence）

JIS 是一种供应链管理策略，它在 JIT 的基础上进行了进一步的扩展。JIS 不仅要求零部件在所需的时间内交付，还要求它们按照生产线上的精确顺序送达。这种模式特别适用于汽车制造业，因为它可以减少在生产线上重新排序零部件的需要，从而提高生产效率和减少生产中的错误。JIS 的核心在于确保零部件、原材料和组件能够精准地在生产线上所需之时抵达，并且按照特定的顺序排列。这样，供应商就需要根据生产线的具体工序顺序，以特定的排列和顺序，将零部件送至汽车制造商。这有助于减少生产线上的零部件重新排序需求，从而提高生产效率并降低生产过程中的错误率。

JIS 在汽车物流中是一种高级的物流供应作业状态，它要求"正确的零件在需要的时间按序到达正确的位置，以安装到对应的产品上"。这种模式在汽车制造业中尤为重要，因为它可以提高生产效率、减少浪费，并提升整体的供应链管理水平。以下是 JIS 在汽车物流中的一些典型应用场景及其效果：

（1）模块化供货（Modular Supply）：整车厂要求供应商按照生产线的顺序提供零部件，这样可以减少生产线上的排序工作，提高装配效率。这种模式要求供应商的生产节拍与整车厂的生产节拍完全耦合，从而减少浪费和风险。

（2）精益自动化系统：通过精益自动化系统，供应商可以实时响应整车厂的生产需求，实现"顺序生产，顺序供货"。这种系统通常包括检测系统、装配目视单、电子看板等，以确保物料的消耗自动化和质量跟踪。

（3）内部物流优化：JIS 模式要求优化物流路径，改变传统的领料方式为送料方式，以及建立物料超市和看板拉动机制。这些改进有助于减少物料移动时间，提高生产线的响应速度。

（4）外部物流协调：JIS 系统还涉及到外部物流的协调，要求供应商在特定的时间窗口内交付物料，以确保生产线的连续运行。这种按时拉动的方式可以减少库存，提高物料的周转效率。

（5）条码支持系统：JIS 系统的高效运作依赖于条码扫描系统，它能够快速准确地获取过程数据，支持生产、内部和外部物流的自动化。

（6）电池排序发运：在北京奔驰汽车电池工厂，采用 JIS 的发运模式，通过提前排序电池，解决了卡车运力问题，同时也解决了顺义工厂的排序和存储问题，提高了物流效率。

（7）智慧物流场景：吉利汽车构建了多种智慧物流场景，如"货到人"系统、线边无人配送、视觉收货、智能装载等，这些场景通过自动化和智能化技术提高了物流效率和准确性。

（8）供应链全过程数字化升级：一汽 - 大众佛山基地通过供应链全过程数字化升级，实现了透明交付、智能排产、敏捷筹措等功能，提升了供应链的效率和响应速度。

通过实施 JIS，汽车物流可以实现更高效的物料管理，减少库存成本，提高生产线的灵活性和响应速度，最终提升整车厂的市场竞争力。

8. JOT（Just On Time）

JOT 是一种生产和物流管理策略，旨在确保材料和产品在需要时准时到达生产线或客户手中，以减少库存成本和提高效率。这个概念与 JIT 类似，但 JOT 更侧重于在预定时间内交付，以确保生产流程的连续性和客户满意度。

JOT 的核心理念可以概括为在必要的时间提供必要的产品或服务，以此来减少库存和浪费，提高生产和配送的效率。这种策略要求精确的需求预测、高效的供应链管理以及与供应商和客户的紧密合作。

在制造业中，JOT 通过优化生产计划和物流流程，确保产品在生产过程中的各个环节都能够准时完成，从而减少在制品的库存和提高生产效率。在物流领域，JOT 强调的是在客户要求的时间内，将正确的产品以正确的数量送达指定地点，以满足客户需求并减少运输和仓储成本。

JIT、JOT 和 JIS 都是与生产和物流管理相关的术语，JIT 侧重于在生产过程中最小化库存，并确保所需物料按时交付，但不一定要求按照特定的顺序送达。这种物流体系在汽车制造行业已经广泛应用。JOT 要求在客户要求的时间内，将正确的产品以正确的数量送达指定地点。这种策略要求精确的需求预测、高效的供应链管理以及与供应商和客户的紧密合作。JIS 在 JIT 的基础上更进一步，要求物料按照生产线的工序顺序准确地送达，以支持按顺序进行装配，减少错误和提高效率。JIS 模式要求供应商根据生产线的工序顺序，按照特定的排列和顺序，将零部件送达给汽车制造商。这有助于减少在生产线上重新排序零部件的需要。JIT、JOT 和 JIS 都是旨在提高生产和物流效率的策略，但它们在实施细节和重点上有所不同。JIT 更侧重于减少库存和浪费，JOT 强调在预定时间内交付，而 JIS 则进一步要求按生产线的工序顺序精确配送。

9. VMI（Vendor Managed Inventory）

VMI 即供应商管理库存，是一种供应链管理策略，它允许供应商对下游企业的库存策略、订货策略以及配送策略进行计划和管理。这种策略旨在通过共享库存和需求信息，实现供应链的优化和协同，以降低整个供应链的成本并提高服务水平。

VMI 是一种合作性策略，其中供应商根据零售商的销售数据来协调其生产、库存活动以及零售商的实际销售活动。供应商完全管理和拥有库存，直到零售商将其售出为止，但零售商对库存有看管义务，并对库存物品的损伤或损坏负责。通过 VMI，供应商能按照销售时点的数据，对需求做出预测，能更准确地确定订货批量，减少预测的不确定性，从而减少安全库存量，存储与供货成本更小，同时，供应商能更快响应用户需求，提高服务水平，使得用户的库存水平也降低。

10. MR（Milk-run）

MR 是一种物流模式，也称为"循环取货"，其定义是一辆卡车按照既定的路线和时间依次到不同的供应商处收取货物，同时卸下上一次收走货物的空容器，并最终将所有货物送到汽车整

车生产商仓库或生产线的一种公路运输方式

Milk-run 的核心特点包括：多频次、小批量供货、准时、有序供给、降低物流成本、空容器回收。

Milk-run 适用于小批量、多频次的中短距离运输要求，特别适用于汽车零部件、家电等行业。这种模式可以降低汽车整车企业的零部件库存，降低零部件供应商的物流风险，减少缺货甚至停线的风险，从而使整车生产商及其供应商的综合物流成本下降

实施 MR（Milk-run）在汽车零部件物流中需要考虑的关键要素和环节包括：供应商的地址集中、路线规划、信息共享、稳定的供应商质量、制造商需求的稳定性、应急预案、物料需求的计划性：制造企业应根据市场需求和工厂实际制造能力制定生产计划，转化为物料需求计划，确保循环取货的计划稳定性。

11. Cross Docking

Cross Docking（交叉配送、直拨或越库配送）是一种物流策略，其核心在于将来自供应商的货物在配送中心或其他物流节点进行快速的分拣、分类后，不经过长期存储，直接装车发往目的地或下一个物流节点。这种方式可以最大限度地减少货物在仓库中的停留时间，从而降低库存成本、提高物流效率。

Cross Docking 是一种物流过程，其中产品从供应商或制造商处直接转移到客户，几乎不经过任何存储时间。它消除了传统的存储阶段，从而简化了从原点到销售点的供应链。

在 Cross Docking 中，货物通常在到达配送中心后不久就会被重新装车并迅速发往最终目的地，减少了货物在仓库中的停留时

间，从而降低了仓储成本和提高了货物流转速度。

12. RDC（Riginal Distribution Center）

RDC 即区域分发中心，在汽车零部件入厂物流中扮演着至关重要的角色。它主要负责将汽车零部件从供应商处收集、整合后，快速、准确地配送到汽车制造商的生产线。RDC 的设置有助于降低物流成本、提高物流效率，并且能够更好地响应生产线的需求变化。

在汽车零部件入厂物流中，RDC 的职能通常包括：集中存储、订单处理、收货处理、货物分拣与整合、运输与配送、库存控制与盘点、信息系统管理、供应链协调、应对紧急需求。通过这些职能，RDC 在汽车零部件入厂物流中发挥着核心作用，确保零部件能够高效、准确地送达生产线，从而支持汽车制造商的生产效率和产品质量。

13. DC（Distribution Center）

DC 即配送中心，它涵盖了各种负责存储、分拣、处理和分发商品的设施。DC 可以有存储、打包、分拨、配送功能；也有的 DC 只有分拨、配送功能，并不能存储和打包。RDC 即区域配送中心，是 DC 的一种特定形式，它通常指的是在特定地理区域内，负责接收来自供应商或中央仓库的商品，并进行分拣、存储和分发至下游的零售店铺或终端消费者的设施。

14. 远程 CC（Consolidate Center）

远程 CC 通常指的是"零部件集散中心"，常用在汽车零部件循环取货的远程供应商的取货环节，用于将远程供应商的零部件通过循环取货的取货方式，将零部件从各个供应商处收集并集中到一个中心地点，然后再统一通过干线批量运输到汽车制造厂周边的库房或者汽车制造厂内的过程。

远程 CC 的主要作用是优化物流效率，降低运输成本，并通过集中管理减少库存和提高供应链的响应速度。在循环取货模式中，CC 作为一个关键节点，它不仅涉及到从供应商到 CC 的运输，还包括从 CC 到汽车制造厂的配送。这种模式特别适合于那些需要频繁、小批量配送的零部件，因为它可以减少空车往返，提高车辆的使用效率。

远程 CC 还涉及到空箱管理（Container Management Center, CMC），这是为了提高容器的周转效率，减少空箱返回的成本。

15. CMC（Container Management Center）

CMC 是汽车零部件的空箱管理中心，CMC 的核心功能包括：空箱管理、优化物流效率、提高供应链响应速度、支持循环取货模式、信息系统整合、数据分析和报告、协调供应商和制造商、支持供应链的顺畅运作。

16. KD（Knocked Down）

KD 件意为散件组装，是一种将汽车零部件以散装形式出口到装配厂进行组装的方式，通常指的是半散件组装形式出口，但这个术语有时也被用来泛指所有形式的散件出口。零件在出口国已经部分组装，如发动机、变速器等关键部件已经组装好，但不是完整的车辆。

KD 件的物流模式主要分为 Lot 和 PXP 两种，不同模式有各自的优缺点。例如，Lot 模式可能更适用于订单量较小、品种较多的场景，而 PXP 模式则可能更适合订单量大、品种单一的场景。通过选择合适的物流模式，可以进一步提高 KD 件物流的效率和效果。Lot 模式是指按照车辆的套件数量进行批量化包装和供货的方式。通常，一个 Lot 包含一定数量（如 6、20 或 60 辆份）的整车零部件，按照车型进行订货和供货。PXP 模式（Part by Part）是指根据零件消耗量与对应车型的产量成正比的原理提出订货计划，根据所需零部件的数量，对相同零部件进行批量化捆包、装集装箱和运输。

17. CKD（Completely Knock Down）

CKD 是全散件组装形式出口。在这种模式下，汽车几乎被完全拆解成单个的零件，这些零件被装在集装箱中运输到目的地国家。在目的地国家，这些零件需要经过焊接、喷漆和组装等完整的制造过程，才能组成一辆完整的汽车。国产化率通常较高，因为除了核心零件从国外进口外，很多零部件可以在当地采购。这种模式要求进口商对冲压厂、焊接设施和涂装车间等专业制造设施进行高额财政投资。

18. SKD（Semi Knocked Down）

SKD 即半散装件，在汽车行业中常见的一种汽车零部件供应状态。它指的是汽车在出口时，将成品拆散成较大的总成或模块，如发动机、驾驶室、底盘等，这些总成在目的国工厂进行组装，形成完整的汽车产品。这种模式介于全散件（CKD）和成品（CBU）之间，SKD 模式广泛应用于汽车工业中，有助于汽车产业的本地化生产，促进全球汽车产业的协同发展。出口方可以节省运费，利用进口国低廉劳动力，还可享受某种比整车进口较低的进口关税。对进口国而言，SKD 模式有助于促进本国工业发展，并增加就业机会。SKD 出口方式是将汽车的各大部件总成以半成品形式分别装箱出口，进口国则就地将它们装成整车。

19. POP（Pay On Production）

POP 是一种零部件入厂物流模式，主要是针对在主机厂周边的近程零部件供应商，而且零部件有体积大、专用性强、容易损坏等特点，如保险杠、仪表台总成、座椅、轮胎、玻璃、发动机等，由供应商直接从自己的生产线或者成品库房装入专用的物流盛具中，并按照主机厂的总装车间的车身队列的信息，按生产队列顺序实时滚动地配送至主机厂总装车间物料操控区的指定接收点甚至是装配工位，这种从生产线到生产线的 POP 直供模式，极大地减少了物流过程中的次生质量问题和损耗，也减少了主机厂总装车间的物流面积，得到了主机厂及其相关供应商的认可和大面积推广。

20. SPS（Set Parts Supply）

SPS 在汽车零部件物流中是一种精益物流方式，主要用于汽车装配过程中。它的核心思想是将一辆份的零件在生产线外的特定区域拣选出来或进行分装，然后按照顺序直接供给生产线上的操作者，实现零部件的准时化配送。

SPS 的定义可以总结为：在和生产线分离的另一个场地，将一辆份的零件拣选出来或进行分装后，按照顺序向生产线上操作者供给的方式。这种方式在丰田公司得到了广泛应用，充分体现了适应多品种混流的精益思想，即集成必要数量的物品，在必要的时间将必要的零件配送到必要的地点。

SPS 的典型特征如下：单辆份成套供应：（1）SPS 按照每辆车的装配需求进行成套拣配，确保每个台车上的零部件都是针对特定车辆所需的；这种供应方式减少了线边库存，提高了零部件的周转效率。（2）与生产线同步随行：台车料架与生产线保持同步移动，确保零部件能够及时、准确地送达装配工位。操作人员无需走出装配区域去取物料，提高了装配效率。（3）准时化供应：SPS 强调准时化供应，即供应出发的时间不能太早也不能太晚。在待发运区，通常会有按灯、电子看板等可视化指示，配送人员根据节拍灯等指令进行搬运配送。（4）减少线边库存：采用 SPS 方式后，线边库存量大大降低，接近"单件流"的生产方式。这有助于减少库存成本、提高库存周转率，并降低库存积压的风险。（5）需要配套系统支持：由于 SPS 拣配次数增多，拣配犯错概率增大，因此许多汽车企业都配备了 DPS 系统（Digital Picking System，电子拣货防错系统）来帮助拣配人员进行拣配。通过 DPS 系统，可以大大降低取错料的概率，提高拣配效率。

SPS 物流方式的优势在于它能够减少线边物流占地面积，提升生产作业效率，并且有效规避装配过程中因车型配置不同的差异而导致的错漏装问题。通过持续有效地推行 SPS 精益物流方式，可以显著减少线侧工位货架的数量，降低线侧物流占地面积，使生产装配区域空间更加宽敞，生产装配现场更加整洁、高效和有序。

21. P 链（Progress Lane）

P 链是汽车零部件物流中的一种策略，它的全称为"分割进度吸收链"，简称 P 链。P 链的主要作用是作为厂内物流和厂外物流进行衔接的过渡区域，是汽车零部件被送到整车厂后的用于开捆、拆包装的临时存放区。在这个暂存区里，零部件按照一定的规则码放，主要是按照供应商进行排序。根据生产线的生产进度，按照准时化的原则对包装完整的零部件进行开捆。具有以下几个典型特征：（1）按生产进度供给：P 链能够根据生产线的实际生产进度来供给零部件，防止厂内零件的溢出和欠品，从而减少库存和浪费。（2）分割功能：P 链根据分割链实施小批量的供给，吸收外物和厂内的进度差，实现稳定的零件供给并减少机材数。（3）临时暂存区：P 链是零部件被送到制造厂后用于开捆、拆包装的区域。在这个区域里，零部件按照一定的规则码放，主要是按照供应商进行排序的。（4）均衡化存放与开捆：P 链通过均衡化订单分割，实现了存放与开捆的均衡化。这意味着，大部分零部件都要经过 P 链进行开捆，从而实现准时化原则下的零部件供给。（5）进度吸收功能：P 链能够吸收由于生产进度波动带来的影响，保证零部件供应的稳定性，减少因生产波动造成的物流混乱。（6）订单的平准化：P 链运作和订单的平准化，如果供应商每日的订单号数量与 P 链分割链数量一致，则订单号与 P 链分割链号码一致；如果供应商每日的订单数量小于 P 链分割链数量时，则依据平准化的原则，会将订单平准化放入到 P 链中。（7）提高运输效率：P 链可以减少厂外物流的运输频次，一方面稳定了取货计划，另一方面可以适当增加取货量，提高运输工具的积载率，并节约成本。（8）供应链协同：P 链的引入，可以将每天各时刻的取货计划提前告知供应商，方便供应商有针对性的进行生产，减少供应商处的库存。同时，也可以减小因供应商自身突发情况导致的供货不及时给制造商带来损失的风险。

P 链的引入，不仅改变了传统的零部件循环取货模式，还通过零部件在 P 链中的快速周转，实现了包括库存成本和取货运输成本在内的总成本最小的目标，更加符合实际生产运输中的精益物流理念

22. Kitting

Kitting 即齐套管理，是一种将库存组织成套件以供销售或使用的方法或技术。在汽车零部件物流中，Kitting 通常指将汽车零部件按照一定规则和要求进行组合打包，形成一个完整的套件，以满足生产或维修等需求。每个套件都被分配有独一无二的库存单位（SKU）编号，以便于管理和追踪。

实施 Kitting 的关键措施：（1）精确的物料需求计划：通过制定详尽的配送 BOM（Bill of Materials），确保每个 Kitting 中包含正确的物料和数量。这需要对生产计划和物料需求进行精确的分析和预测。（2）设计物料配送需求矩阵：通过创建一个物料配

送需求矩阵,可以清晰地了解每个 Kitting 所需的物料种类和数量,以及它们在生产线上的具体需求点。(3)使用自动化技术:结合 AGV(自动引导车)和 RFID(射频识别)等技术,自动化物料的拣选和配送流程,提高物料配送的准时性和准确性。(4)实时监控和控制:在 Kitting 上线点设置监控设备,如平板电脑或 HMI 触摸屏,运行监控程序,确保每个产品和 Kitting 之间的匹配一致性。通过 RFID 扫描产品标签和使用扫描枪扫描物料条形码,实现物料的实时追踪和验证。(5)区域划分和 Kitting-box 设计:将装配线进行区域划分,并为不同区域设计专用的 Kitting-box。Kitting-box 的颜色、编码和内部形状都应根据所装物件的形状和装配区域的特点进行设计,以确保物料的准确配送和装配。(6)物料选装原则:制定明确的物料选装规则,确保适合 Kitting 的物料被正确选入。例如,避免将太小的物件、直送件、自产部件、骨架型部件、敏感性物件或需要特殊装配方法的物件放入 Kitting-box。(7)质量控制和防错设计:实施质量控制措施,如在 Kitting 料架上悬挂不同机型的物料防错图片,使用颜色进行防错设计,以提高目视效果并减少装配错误。(8)及时的物料补充:确保 Kitting-box 在物料用尽后能够及时返回物料配送中心并得到补充,以便循环利用,保证生产线上的连续供应。

23. MES(Manufacturing Execution System)

MES 即制造执行系统,是位于企业资源规划(ERP)系统和工业控制系统之间的信息系统。它提供了一个快速反应、有弹性、精细化的制造业环境,帮助企业减低成本、按期交货、提高产品的质量和提高服务质量。MES 系统的主要功能包括：生产调度与计划、资源管理、过程控制与监控、数据采集与分析、质量管理、可追溯性和溯源、车间资源管理、生产过程管理、生产任务管理、物料管理。

MES 系统的价值体现在提高生产效率、降低生产成本、提升产品质量、优化资源管理、提高生产透明度与决策效率以及推动数字化转型等方面。通过实施 MES 系统，企业能够实现生产过程的实时监控、资源优化和生产流程自动化，从而提高市场竞争力。

24. ERP（Enterprise Resource Planning）

ERP 即企业资源计划系统，是一种集成的信息系统，用于管理企业的内部和外部资源，包括生产、供应链、财务、人力资源等各个方面。ERP 系统的目标是通过整合企业的所有资源，提高运营效率，降低成本，增强企业的决策能力和市场竞争力。ERP 系统是一种面向过程的管理信息系统，它通过集成企业内部各个部门和外部合作伙伴的数据与流程，实现资源的最优配置和使用。ERP 系统通常包含一系列的模块，每个模块对应企业管理的特定领域，如财务、人力资源、生产制造、供应链管理等。

ERP 系统的主要功能包括：财务管理、物流管理、生产管理、人力资源管理、客户关系管理（CRM）、供应链管理（SCM）、项目管理、产品生命周期管理（PLM）、企业绩效管理（EPM）、数据分析和报告、电子商务。

ERP 系统通过整合这些功能，帮助企业实现信息的实时共享，提高决策的准确性和响应市场变化的能力。随着技术的发展，现代 ERP 系统通常也支持云计算、移动访问和大数据分析等先进技术，以适应不断变化的商业环境。

25. APS（Advanced Planning and Scheduling）

APS 即高级计划与排程系统，是一套软件工具和方法论，用于在制造、生产和供应链管理中提高计划和排程过程的效率和效果。APS 系统的主要目的是围绕产能和资源利用做出生产决策。

APS 系统通过平衡需求和资源可用性，帮助确定最有效和成本最低的产品生产方式，包括何时、如何生产以及所需的资源。它能够整合多个任务、约束、依赖关系和活动，如预防性维护、质量控制和缓冲媒体规划，这些是传统方法无法比拟的。

APS 系统通常可以作为独立系统使用，但也常与企业资源规划（ERP）或物料需求计划（MRP）软件一起部署，形成一个综合的、集成的生产系统。随着技术的发展，APS 系统也在不断演进，以满足不断变化的行业需求。许多早期采用者已经开始从人工智能工具、物联网设备和预测分析中受益，这些技术提供了持续的数据流，以提高操作的准确性和洞察力。

APS 系统的核心模块通常包括订单管理、生产计划、资源调度、物料管理和进度跟踪。通过使用 APS 系统，企业可以更好地管理生产计划和资源调度，提高生产效率和响应能力，减少生产成本和交货周期，提高客户满意度。

此外，APS 系统在功能上与 ERP 系统有区别和互补作用。ERP 系统是一种综合性的企业管理软件，涵盖了企业各个部门和业务流程，而 APS 系统则专注于生产计划和调度。APS 系统提供了 ERP 系统所缺乏的详细排程功能，能够实现更精细的生产过程管理

APS 和 ERP 是企业资源管理的两个重要工具，它们在功能和应用领域上有一些显著的区别：

（1）功能重点：APS 专注于生产计划和调度的优化，使用复杂的算法来处理生产过程中的约束条件，如物料可用性、设备能力和交货期限。它能够实时响应生产变化，提供详细的生产排程。ERP 提供了一个更广泛的企业资源管理框架，包括财务管理、人力资源、供应链管理、客户关系管理等。ERP 系统中的生产计划功能通常不如 APS 系统那样精细和灵活。

（2）数据处理方式：APS 侧重于实时处理生产相关的数据，如订单需求、生产计划、资源调度等，通过算法和模型进行计划和调度，优化生产过程。ERP 处理企业的交易数据和业务流程，如订单、采购、销售等，通过集成各个部门的数据，提供全面的企业运营情况。

（3）用户界面和交互：APS 通常提供直观的图形用户界面（GUI），如交互式甘特图，使用户能够轻松地进行计划调整和可视化生产流程。ERP 界面可能更复杂，涵盖的功能更多，因此可能不如 APS 系统那样专注于生产计划的交互和可视化。

（4）响应速度：APS 能够快速响应生产变化，如紧急订单、物料短缺或设备故障，实时调整生产计划。ERP 虽然也能处理这些变化，但通常不如 APS 系统那样灵活和快速。

（5）复杂性和灵活性：APS 提供更复杂的生产计划模型，能

够处理多种约束和优化目标，适合多变的生产环境。ERP 虽然也包含生产计划功能，但可能不如 APS 系统那样灵活和可定制。

（6）集成性：APS 通常作为独立系统部署，也可以与 ERP 系统集成，以利用 ERP 中的资源和数据进行更精细的生产计划。ERP 作为一个集成的系统，涵盖了企业运营的各个方面，APS 系统可以作为 ERP 系统的补充，提供更专业的生产计划和调度功能。

总的来说，APS 系统专注于生产计划和调度的优化，而 ERP 系统提供了一个全面的企业管理解决方案。两者可以互补，共同支持企业的运营效率和效果。

26. LES（Logistics Execution System）

LES 即物流执行系统，是一种专注于物流管理和执行的软件系统。它主要负责优化物流流程、管理仓储和运输活动，以实现供应链的高效运作。LES 系统是以物料拉动为核心，统筹考虑物料在不同仓储单元的交互，实现物料从入库、库内管理、出库、拉动、转移到最终装配的物流管理系统。它旨在提高整个工厂的物流效率，将内外物流的复杂环节无缝衔接，确保物料流动的准确性和高效性。LES 系统的主要功能包括：物料管理、物流规划、库内作业管理、实时监控与预警、系统集成与数据交换。

LES 系统以其强大的功能和灵活的配置能力，为现代制造业的物料拉动提供了全面的解决方案。它帮助企业实现物料的精准调度和高效流转，优化库存管理，降低成本，提升生产效率和供应链的响应速度。

27. WMS（Warehouse Management System）

WMS 即仓库管理系统，是一种用于管理和控制仓库运营的软件系统。它通过对仓库内的物资进行准确、高效的入库、出库和库存管理，帮助企业实现仓库的自动化、智能化管理，从而提升仓库运营效率、降低运营成本。

WMS 系统的主要功能包括：（1）基础数据管理：便捷地录入和管理货品、仓库、客户、供应商以及销售订单等多类关键信息，确保库存数据的准确性，支持库存分析和优化。（2）来料管理：包括采购订单管理、供应商发货单管理、采购收货单管理，实现对物料需求的计划和控制，追踪物料的来源和流向，确保库存流动的可追溯性。（3）拣配管理：根据出库需求生成备料通知单，指导仓库人员准备需要出库的库存，提前做好拣选准备。拣配发料单指导仓库人员按照需求准确地拣选库存，并生成发料记录。（4）成品管理：包括成品入库单管理、发货通知单管理、成品发货单管理，确保成品能够准确、安全地入库，并为后续的销售和发货提供有力保障。（5）日常管理：包括库位调拨单管理、其他入库出库单管理、库存盘点单管理，实现库存的合理布局和优化，提高仓库空间的利用率和作业效率。（6）扫码出入库：对于体积小、数量大的产品，采用扫码进行产品的出入库管理，提高出入库的效率，确保数据的准确性。（7）库存管理：实时追踪库存状态，优化货物存储位置，自动化处理入库和出库流程，支持定期或不定期的库存盘点，确保库存数据的准确性。（8）订单处理与配送管理：自动化订单接收与分配，路径优化与配送调度，提高订单处理效率，降低运输成本和时间成本。（9）报表生成：提供库存、销售、物流等关键业务数据的报表，帮助企业做出更明智的决策。（10）系统集成：WMS系统通常与其他企业信息系统（如ERP、CRM等）集成，实现数据的无缝对接和业务流程的自动化。

通过实施WMS系统，企业能够实现仓库管理的数字化、智能化和自动化，提高管理水平和竞争力，同时与其他企业信息系统进行集成和协同，构建数字化、智能化的企业运营体系

28. WCS（Warehouse Control System）

WCS即仓库控制系统，是位于仓库管理系统（WMS）和物流设备之间的中间层，主要负责对物流设备的调度和控制。WCS将WMS的作业指令转化为设备可执行的命令，并实时监控设备运行状态，确保仓库作业的顺利进行。

WCS系统的主要功能包括：（1）设备调度：根据作业需求，合理调度物流设备，如堆垛机、输送线、AGV（自动引导车）等，以提高设备利用率和作业效率。（2）任务分配：将作业任务分配给相应的设备，确保作业效率，并优化分解任务，为上层系统的调度指令执行提供保障和优化。（3）状态监控：实时监控设备运行状态，一旦发现异常及时处理，降低故障率，并保障仓库运营的连续性。（4）数据采集：采集设备运行数据，为优化作业提供依据，同时监测设备异常状态，进行实时、可视化监控预警。（5）上位交互：WCS系统与上位系统如WMS无缝对接，接收上位系统下发的作业指令，并在作业完成后回传。（6）监控设

备：WCS 系统实时获取自动化设备的作业状态和空闲状态，合理分配资源，实现效率最大化。（7）异常报警：监测设备异常状态，进行实时、可视化监控预警，并记录设备的报警信息，以备操作员查询。（8）日志查询：提供系统运行日志，用于分析系统运行出现问题时的依据。

WCS 系统通常应用于大型自动化仓库、配送中心及需要高频率、高精度操作的环境。它通过优化设备运转，提高订单处理速度和准确性，从而提升整个仓库的运营效率。WCS 与 WMS 之间的紧密协作确保了仓库的物料搬运和存储工作能够高效、准确地进行，为企业的生产运营提供有力的支持

29. TMS（Transportation Management System）

TMS 即运输管理系统，是一种专门用于管理运输作业流程的信息系统。它通过集成运输、仓储、配送、订单管理等多项功能，利用先进的计算机技术和网络技术，对物流运输过程中的各个环节进行高效、精准的管理和控制。TMS 系统通过整合和优化物流资源，帮助企业提高运输效率、降低运输成本、提升客户服务质量，进而增强企业的市场竞争力。

TMS 系统的主要功能包括：（1）系统管理：包括用户管理、权限角色管理、数据字典维护、日志管理等，确保系统的安全性和稳定性。（2）基本信息设置：管理客户信息、车辆信息、人员信息等，建立运输决策的知识库。（3）运输作业：涵盖订单处理、调度配载、运输跟踪等，实现对运输任务的执行状况的监控。（4）财务管理：包括统计报表管理、应收应付管理，提供实

时全面的统计报表，促进运输决策。（5）订单管理与跟踪：实时接收和处理订单信息，包括订单生成、确认、变更等，并对订单状态进行实时跟踪和更新。（6）运输资源调度与优化：智能调度运输资源，优化运输路线，选择最经济、最快捷的运输路径。（7）数据分析与报告：收集、分析和报告物流运输过程中的各项数据，为决策提供支持。（8）统一的调度管理平台：专门设立集卡调度中心和整车零担调度中心，实现智能化调度提醒，全面提升企业车辆利用效率。（9）基于网络的一体化业务：建立快速、准确的订单处理机制，网上订单处理与内部 TMS 无缝连接。（10）集中化的财务管理：统一的合约管理，加强收付帐款管理、完善的费用处理流程、备用金管理。

TMS 系统的优势在于提高运输效率与降低成本、提升客户服务质量、强化企业竞争力。它适用于各种物流运输场景，特别是那些涉及大量货物运输、需要高效管理和控制运输过程的企业。例如，电商平台、大型制造企业、第三方物流公司等都可以通过引入 TMS 系统来提升运输效率和服务质量。

30. EDI（Electronic Data Interchange）

EDI 即电子数据交换，是一种在公司间以标准格式进行业务文档通信的电子化手段。EDI 通过自动化的方式，替代了传统的基于纸张的文档（如采购单、发票等），实现了企业间信息的快速、准确交换。

EDI 系统的主要功能包括：（1）标准化文档格式：EDI 定义了业务文档的标准格式，如 ANSI X12 和 EDIFACT 等，确保不同系统间的数据能够被正确理解和处理。（2）自动化数据处理：EDI 能够自动执行基于纸张的事务处理，减少了人工操作的时间和错误。（3）提高效率和准确性：通过自动化和标准化，EDI 提高了数据处理的速度和准确性，减少了手动输入的错误。（4）支持多种文档类型：EDI 能够处理包括采购单、发票、询价单、贷款申请等在内的多种业务文档。（5）直接连接和增值网络（VAN）：EDI 可以通过点对点连接或增值网络进行数据传输，后者通过第三方服务提供商管理数据传输。（6）数据采集与分析：EDI 系统可以收集和分析物流运输过程中的各项数据，为决策提供支持。（7）集成与优化：EDI 系统通常与其他企业信息系统（如ERP、WMS 等）集成，实现数据的无缝对接和业务流程的自动化。（8）安全性：EDI 传输通常采用加密和数字签名等安全措施，确保数据传输的安全性。（9）支持物联网（IoT）、区块链和人工智能（AI）等创新技术：EDI 在未来供应链中将与这些技术结合，提供更高效、更智能的文档交换功能。

EDI 的优势在于它能够节省时间和金钱、提高效率和生产力、减少错误、改进可跟踪性和报告功能，以及打造积极的客户体验。通过 EDI，企业能够实现更快速、更精准的业务文档交换，从而提高整体的运营效率和客户服务质量。

31. MRP（Material Requirements Planning）

MRP 即物料需求计划，是一种用于计算生产所需原材料和零部件的系统，旨在帮助企业有效管理生产过程中的物料需求，以确保生产计划的顺利执行。

MRP 系统的主要功能包括：（1）需求管理：根据市场需求预测和销售订单，制定相应的生产计划，确定所需的产品类型和数量。（2）物料清单（BOM）分析：对所需产品进行物料清单的分析，确定生产所需的各项原材料、零部件及其数量，建立 BOM 数据。（3）主生产计划（MPS）制定：根据生产计划需求和 BOM 分析，制定主生产计划，明确每种产品的生产时间表和产量。（4）MRP 计算：根据 MPS 和 BOM 数据，运用逻辑算法进行 MRP 计算，确定每种物料的需求量、采购或生产时间表，并生成相应的采购和生产订单。（5）物料需求跟踪：对 MRP 计算结果进行跟踪和管理，及时调整生产计划、采购计划，确保物料供应和生产进度的有效控制。（6）库存控制：MRP 系统能够根据需求计划自动触发物料采购或生产任务，减少库存积压和缺货现象。（7）生产效率提升：通过整合生产计划和物料需求，MRP 系统能够使生产计划更加合理，避免产能浪费和生产过程中的停滞。（8）订单交付时间缩短：MRP 系统有助于提前识别物料需求，从而加速生产和交付周期，提高客户满意度。（9）供应商关系优化：MRP 系统可以帮助企业与供应商建立更加紧密和稳定的合作关系，通过预测需求，使供应商更好地规划生产和提供物料。

MRP 系统通过这些功能，实现了对物料采购和生产进度的精准控制，帮助企业优化供应链管理，提高生产效率，降低成本，并实现供应链管理的优化。MRP 系统的应用范围广泛，不仅适用于制造业，也适用于零售业和医疗设备制造业等多个行业。

32. MRPⅡ（Manufacturing Resource Planning）

MRPⅡ即制造资源计划，是一种先进的现代企业管理模式。它的目的是合理配置企业的制造资源，包括财务、物料、生产、供应、销售等因素，以使之充分发挥效能，使企业在激烈的市场竞争中赢得优势，从而取得最佳经济效益。

MRPⅡ系统的主要功能包括：（1）主生产计划（MPS）：确定每一具体的最终产品在每一具体时间段内生产数量的计划。它详细规定生产什么、什么时段应该产出，是独立需求计划，根据客户合同和市场预测，把经营计划或生产大纲中的产品系列具体化。（2）产品结构与物料清单（BOM）：MRP系统要正确计算出物料需求的时间和数量，需要知道企业所制造的产品结构和所有要使用到的物料。产品结构列出构成成品或装配件的所有部件、组件、零件等的组成、装配关系和数量要求。（3）库存信息：保存企业所有产品、零部件、在制品、原材料等存在状态的数据库。包括现有库存量、计划收到量（在途量）、已分配量等信息。（4）财务管理：MRPⅡ包含了成本会计和财务功能，可以由生产活动直接产生财务数据，把实物形态的物料流动直接转换为价值形态的资金流动，保证生产和财务数据一致。（5）能力需求计划：在闭环MRP的基础上，MRPⅡ进一步考虑了生产能力和负荷的平衡，确保生产计划的可行性。（6）采购管理：包括供应商管理、采购订单管理、物料的跟踪和控制等。（7）生产活动控制：涉及生产订单管理、作业排序、作业进度跟踪和控制等。（8）项目管理：对项目进度、资源分配和成本进行管理。（9）人力资源管理：涉及员工信息管理、薪酬福利、绩效评估、培训发展等。
（10）质量管理：监控产品质量，确保产品符合质量标准。

MRP Ⅱ的特点包括计划的一贯性与可行性、管理的系统性、数据共享性、动态应变性、模拟预见性以及物流、资金流的统一。它是一种集成的管理模式，通过科学的管理方法，对企业的各种制造资源和生产经营各环节实行合理有效地计划、组织、控制和协调，以达到连续均衡生产和最大限度地降低库存量，提高企业的经济效益。

MRP Ⅱ与MRP的主要区别：（1）范围和深度：MRP主要关注物料需求和库存控制，而MRP Ⅱ则扩展到了整个生产过程的计划和管理，包括生产、财务、销售等多个方面。（2）系统集成：MRP Ⅱ是一个更集成的系统，它将企业的财务、生产、销售等各个部门的信息和计划整合在一起，形成一个统一的数据库和信息流。（3）生产方式管理：MRP Ⅱ能够更好地支持多种生产方式，如重复制造、批量生产、按订单生产等，而MRP主要针对特定的生产环境。（4）资源管理：MRP Ⅱ除了管理物料资源外，还涉及人力、设备、能源等其他资源的计划和管理。（5）市场适应性：MRP Ⅱ能够更好地适应市场变化，因为它提供了更多的灵活性和实时性，允许企业快速调整生产计划以响应市场需求的变化。（6）财务集成：MRP Ⅱ通常包括财务管理功能，可以由生产活动直接产生财务数据，而MRP则主要关注物料和生产计划。

MRP Ⅱ是MRP的扩展和深化，它提供了更全面的企业资源管理和计划功能，帮助企业更有效地利用资源，提高生产效率和市场竞争力。

MRP Ⅱ与ERP的主要区别：（1）应用范围：MRP Ⅱ主要关注于生产和库存计划方面，而ERP提供了一套全面的企业级解决方案，涵盖了更广泛的业务流程。功能深度：MRP Ⅱ的功能主要集中在生产制造领域，包括物料需求计划、生产调度等。ERP则在此基础上增加了财务管理、供应链管理、客户关系管理、人力资源管理等模块。（2）集成性：ERP系统通常更加集成，能够实现企业内部各个部门和业务流程之间的信息共享和协同工作。（3）适用行业：MRP Ⅱ多见于制造业，尤其是需要复杂资源规划的环境。ERP系统由于其集成性强，不仅适用于制造业，也适用于服务业、教育、医疗等多种行业。（4）管理理念：MRP Ⅱ是一种计划主导型管理模式，强调对生产各项资源进行规划和控制。ERP则更强调整个组织的流程优化和决策支持。（5）技术基础：ERP系统通常采用更先进的信息技术，如互联网、移动计算、大数据等，以支持更广泛的业务需求和更高的数据处理能力。

MRP Ⅱ和ERP都是旨在提高企业资源利用效率和生产管理水平的系统，但ERP在功能范围、集成性和适用性方面更为广泛和深入。

参 考 文 献

[1] 毕浅雨，李艳杰，李飒. 一种使用遗传算法进行物流配送成本优化方法 [J]. 辽宁石油化工大学学报，2011，31（2）：90-94.

[2] 产业协调司. 中华人民共和国国家发展和改革委员会 [M]. 2018.

[3] 陈璨. 整合式汽车零部件供应物流模式研究 [D]. 大连：大连海事大学，2006.

[4] 陈诚，邱荣祖. 求解双向物流配送路径问题的改进遗传算法 [J]. 福建农林大学学报（自然版），2010，39（5）：556-560.

[5] 陈翠琴. 基于 Web 的企业仓库管理系统的设计与实现 [J]. 海南广播电视大学学报，2008，9（2）：92-94.

[6] 陈栋. 基于 3PL 的汽车零部件 Milk-run 优化运作和利益分配研究 [D]. 重庆：重庆大学，2011.

[7] 陈飞平. 基于供应链协同的汽车制造企业入厂物流模式选择及仿真研究 [D]. 重庆：重庆大学，2010.

[8] 陈海鸿. 中日汽车零部件入厂物流比较研究 [D]. 成都：西南交通大学，2012.

［9］陈建军. 蚁群算法在物流配送路径优化中的研究［J］.
计算机仿真，2011，28（2）：268－271.

［10］陈荣秋，马士华. 生产运作管理. 第4版［M］. 北京：
机械工业出版社，2013.

［11］陈新河. 无线射频识别（RFID）技术发展综述［J］.
信息技术与标准化，2005（7）：20－24.

［12］崔妍黄，张欣，李波. 考虑节点等待的时变第四方物
流路径问题［J］. 系统工程，2018，36（6）：9.

［13］丁斌，孙连禄. 基于多标准的ABC分类库存模型［J］.
电子科技大学学报（社会科学版），2013（2）：31－36.

［14］丁雯，文莉，张炜全. 约束理论的管理方法及其在生
产物流中的应用［J］. 商业研究，2009（9）：48－51.

［15］丁雪婷. Kitting物料配送在发动机生产线的应用［J］.
汽车与配件，2010（45）：34－35.

［16］董爽，张国方，宋景芬. 汽车个性化定制的云制造服
务模式［J］. 物流技术，2018，37（7）：15－19.

［17］樊敏，洪芸. 国内外仓库管理研究现状及趋势分析［J］.
云南财经大学学报（社会科学版），2009，24（5）：113－116.

［18］傅成红，符卓. 库存路径问题及其最新进展［J］. 计
算机应用，2010，30（2）：453－457.

［19］傅成红，符卓. 两级系统多周期随机库存路径优化
［J］. 计算机工程与应用，2010，46（9）：198－201.

［20］郭彬. A公司入厂物流优化研究［D］. 武汉：武汉理
工大学，2009.

[21] Guang – Yan J，李松庆．我国汽车逆向物流运作模式探讨 [J]．物流科技，2008，31（8）：11 – 13．

[22] 哈默，钱皮．企业再造：企业革命的宣言书 [M]．上海：上海译文出版社，2007．

[23] 何明珂，张屹然．国内汽车零件入厂物流研究综述 [J]．中国流通经济，2011，25（7）：31 – 36．

[24] 黄河．汽车零部件配送中心业务流程与操作优化分析 [J]．物流技术，2015，34（11）：252 – 254．

[25] 黄峻磊，邱雅兰．基于东风本田的汽车制造企业入厂物流研究 [J]．物流工程与管理，2018（2）：62 – 64．

[26] 黄培清，揭晖．供应链库存管理的几项措施 [J]．工业工程与管理，1998（5）：14 – 17．

[27] 黄雪．基于 RFID 的汽车入厂物流系统研究 [D]．武汉：武汉理工大学，2010．

[28] 霍佳震，陈瑶，周欣．汽车制造企业入厂物流模式设计与仿真 [J]．汽车工程，2007，29（4）：355 – 359．

[29] 姜晨鑫．长春华奥汽车制造有限公司的入厂物流再造 [D]．长春：吉林大学，2016．

[30] 姜大立．行业物流管理 [M]．北京：中国石化出版社，2004．

[31] 蒋丽，丁斌，臧晓宁．以工位为中心的生产物流配送优化 [J]．计算机集成制造系统，2009，15（11）：2153 – 2159．

[32] 蒋丽．以工位为中心的生产物流配送优化研究 [D]．合肥：中国科学技术大学，2011．

［33］蒋啸冰.汽车制造业入厂物流持续补料计划的应用［J］.物流技术与应用，2008，13（2）：74－77.

［34］蒋啸冰.我国汽车制造业零部件入厂物流模式研究［J］.物流技术与应用，2007，12（5）：88－91.

［35］焦宏光.浅谈汽车零部件入厂物流信息技术的应用［J］.科技风，2018（1）：131.

［36］金光，乐德林，冯鸿，等.TPS在广汽丰田零部件厂内物流系统中的应用［J］.物流技术与应用，2013，18（5）：122－129.

［37］J.佩帕德，P.罗兰.业务流程再造精要［M］.北京：中信出版社，2003.

［38］蓝青松，徐广卿.从传统运输迈向现代物流——入厂物流的"循环取货"管理模式［J］.上海汽车，2003（8）：18－20.

［39］雷邦军.不确定环境下的库存与运输整合优化问题研究［D］.重庆：重庆大学，2009.

［40］黎浩东，何世伟，黄树森，等.随机仓库布局问题模型与算法研究［J］.物流科技，2008，31（7）：7－10.

［41］李浩，陶飞，文笑雨，等.面向大规模个性化的产品服务系统模块化设计［J］.中国机械工程，2018（18）：2204－2214，2249.

［42］李建中，陈良猷.企业过程再造（BPR）的生命周期方法论（LCM）及其应用［J］.工业工程与管理，2000，5（1）：19－23.

［43］李晋，崔南方，丁留明.基于分类管理的汽车服务备

件库存结构优化 [J]. 物流技术, 2006 (8): 73-75.

[44] 李晋航. 混流制造车间物料配送调度优化研究 [D]. 武汉: 华中科技大学, 2012.

[45] 李军, 郭耀煌. 物流配送车辆优化调度理论与方法 [M]. 北京: 中国物资出版社, 2001.

[46] 李苏剑, 游战清, 胡波. 企业物流管理理论与案例 [M]. 北京: 机械工业出版社, 2003.

[47] 李杨. 汽车零部件入厂物流循环取货车辆路径问题研究 [D]. 沈阳: 沈阳工业大学, 2017.

[48] 李莹. 带软时间窗的循环取货多车型车辆路径问题研究 [D]. 西安: 长安大学, 2016.

[49] 李永麒. 汽车行业入厂物流基本模式研究 [J]. 企业导报, 2009 (9): 87-88.

[50] 林昀. S公司上海市循环取货项目实施方案 [D]. 长沙: 中南大学, 2012.

[51] 凌云, 林华治. RFID在仓库管理系统中的应用 [J]. 中国管理信息化, 2009, 12 (3): 43-46.

[52] 刘长嵩. 摩托罗拉 (天津) 公司精益供应链研究与实践 [D]. 天津: 天津大学, 2006.

[53] 刘红胜. 汽车制造企业精益供应链物流系统研究 [D]. 武汉: 武汉理工大学, 2013.

[54] 刘杰, 李丽. 汽车制造业实施循环取货物流模式现状与展望 [C]//汽车制造业实施循环取货物流模式现状与展望. 中国工业企业物流论坛.

［55］刘金花．基于 DMAIC 理论的建筑施工流程优化方法研究［D］．成都：成都理工大学，2012．

［56］刘立辉，叶春明．库存路径问题的研究综述［J］．工业工程，2009，12（3）：1-6．

［57］刘立辉，叶春明．库存路径问题的 3 种策略［J］．公路交通科技，2009，26（12）：137-141．

［58］刘梦麒．基于 VMI-Hub 模式的装配系统协同运作决策研究［D］．长沙：湖南大学，2013．

［59］刘向东．用 APS 正确思考［J］．软件工程师，2004（9）：59-61．

［60］刘阳．基于混合生产方式的轿车零部件入厂物流模式选择研究［D］．西安：长安大学，2014．

［61］刘永胜．供应链库存成本降低措施研究［J］．物流科技，2004，27（2）：61-63．

［62］王超．J 集团企业业务流程再造研究［D］．长春：吉林大学，2020．

［63］刘赞国．企业业务流程再造研究［J］．城市建设理论研究，2014，4（28）．

［64］卢志平，王虎．汽车供应链的第三方物流库存管理平台［J］．市场周刊：新物流，2006（4）：52-53．

［65］马钧，缪震环，申丽莹．大众与丰田零部件入厂物流模式对比研究［J］．汽车工业研究，2014（5）：49-52．

［66］迈克尔波．竞争优势［M］．北京：华夏出版社，1997：9．

［67］孟昆．基于精益思想的 H 公司仓储管理系统优化研究

[D]．天津：河北工业大学，2012.

[68] 彭川，查伟雄．基于蚁蚁算法的物流配送路径的优化 [J]．交通科技与经济，2011，13（3）：89-91.

[69] 齐敬慧．Kitting 物料配送模式在机械装配车间的应用研究 [D]．合肥：合肥工业大学，2017.

[70] 齐敬慧，叶建．机械装配车间 Kitting 物料配送模式关键问题研究 [J]．装备制造技术，2017（7）：220-222.

[71] Ronaldh. Ballou，巴罗，王晓东，等．企业物流管理：供应链的规划、组织和控制 [M]．北京：机械工业出版社，2006.

[72] 任亮．不确定环境下的第四方物流路径优化问题研究 [D]．沈阳：东北大学，2016.

[73] 任云晖．企业仓库管理系统的设计与实现 [J]．智能计算机与应用，2007（2）：12-13.

[74] 尚源．大型汽车制造企业物流问题研究 [D]．大连：大连海事大学，2004.

[75] 施朝春，王旭，葛显龙．汽车零部件库存与配送的整合优化研究 [J]．计算机工程与应用，2010，46（20）：222-225.

[76] 宋赫．汽车零部件入厂物流信息技术分析 [J]．科技视界，2018（14）.

[77] 宋少忠．汽车零部件入厂物流链建设中的若干问题研究 [D]．长春：吉林大学，2012.

[78] 宋玉．中国汽车物流与供应链管理研究 [D]．北京：对外经济贸易大学，2003.

［79］泰勒.生产运营与供应链管理［M］.北京：清华大学出版社，2004.

［80］汪金莲.汽车制造厂零部件入厂物流循环取货运输路线规划和优化算法的研究［D］.上海：上海交通大学，2009.

［81］王爱虎.并行布局求解理论与方法的研究［D］.天津：天津大学，1997.

［82］王东方.基于LLP的汽车物流信息平台应用系统建设研究［J］.河北经贸大学学报（综合版），2012，12（3）：67－71.

［83］王洪洋.K企业业务流程再造研究［D］.长春：吉林大学，2015.

［84］王婧，杨迪，汪世志.基于EIQ－ABC分析法的物流仓储作业优化研究［J］.物流技术，2014（19）：181－184.

［85］王磊.上海通用东岳汽车零部件入厂物流模式研究［D］.青岛：中国海洋大学，2015.

［86］王磊.引入TPL的汽车制造企业物流优化研究［D］.西安：长安大学，2005.

［87］王陪.长安铃木汽车公司JIT配送系统优化［D］.重庆：重庆大学，2008.

［88］王许斌，孙庆文.信息时代物流组织结构的重构［J］.科技进步与对策，2002，19（3）：72－73.

［89］王旭，施朝春，葛显龙.基于Milk Run模式的库存运输整合优化［J］.计算机集成制造系统，2011，17（4）：852－857.

［90］王洋，邵彦慧，王永涛.我国仓储业的走向——第三方仓储管理［J］.商场现代化，2010（15）：19－20.

[91] 王玉荣．瓶颈管理（TOC）[M]．北京：机械工业出版社，2002.

[92] 卫依煌．仓储流程与配置优化仿真研究 [D]．上海：上海海事大学，2007.

[93] 魏小平．试论作业成本法在汽车零部件入厂物流的应用 [J]．汽车工业研究，2008（12）：42-42.

[94] 吴贵文．基于 SPS 的 W 汽车企业内饰线零部件配送优化研究 [D]．福州：福州大学，2014.

[95] 吴清一．物流管理：中级 [M]．北京：中国物资出版社，2005.

[96] 吴琼．基于 3PL 的汽车供应链物流运作研究 [D]．重庆：重庆大学，2006.

[97] 肖咸运．基于循环取货的汽车零部件入厂物流能力构成及评价 [J]．机械，2013，40（11）：10-15.

[98] 熊励，陈子辰，陈巍，等．汽车工业的物流协同配送策略性研究 [J]．汽车工程，2003，25（2）：147-150.

[99] 玄光男．遗传算法与工程优化 [M]．北京：清华大学出版社，2004.

[100] 杨雅斌．上汽通用汽车零部件入厂物流模式研究 [J]．物流工程与管理，2017，39（7）：59-60.

[101] 姚建明．4PL 模式下供应链资源整合的收益决策分析 [J]．系统工程，2010（6）：57-63.

[102] 虞上尚．基于 LLP 模式的汽车零部件入厂物流研究 [J]．机电技术，2014（1）：153-155.

[103] 郁滨. 系统工程理论 [M]. 合肥：中国科学技术大学出版社，2009.

[104] 张坤. 基于 TPL 准时配送的汽车零部件入厂物流模式研究 [D]. 南京：南京航空航天大学，2009.

[105] 张强，余英姿，黎建强. Ant Colony System for a Fuzzy Adjacent Multiple - Level Warehouse Layout Problem [J]. 北京理工大学学报（英文版），2006，15（4）：500 - 504.

[106] 张晓玲. 一汽大众入厂物流运作模式研究 [D]. 长春：长春工业大学，2017.

[107] 张颖利. 汽车制造企业生产物流的系统分析与优化 [D]. 南京：南京林业大学，2005.

[108] 赵彭捷. "订单式"汽车零部件入厂物流模式研究及应用 [D]. 重庆：重庆大学，2007.

[109] 郑建菲. 汽车大规模个性化定制的智能制造新模式研究 [J]. 中国集体经济，2018（16）：152 - 154.

[110] 郑颖杰. 汽车配件与物流管理 [M]. 北京：机械工业出版社.

[111] 郑忠. 汽车入厂物流 LLP 模式设计及其利益分配研究 [D]. 重庆：重庆大学，2015.

[112] 中国物流与采购联合会. 中国物流年鉴 [M]. 北京：中国财富出版社，2017.

[113] 周嫔. 循环取货在汽车零部件企业 D 公司的应用 [D]. 上海：上海交通大学，2010.

[114] 朱培军，刘飞，曹乐. MRP Ⅱ、JIT 与 TOC 集成生产

管理模式研究及应用 [J]. 现代制造工程, 2008 (9): 35-38.

[115] 朱晓钟. 按订单生产的 S 汽车公司入厂物流管理效率研究 [D]. 成都: 电子科技大学, 2015.

[116] 左晓露, 刘志学, 郑长征. 汽车零部件循环取货物流模式的分析与优化 [J]. 汽车工程, 2011, 33 (1): 79-84.

[117] Aghezzaf E H, Raa B, Landeghem H V. Modeling inventory routing problems in supply chains of high consumption products [J]. European Journal of Operational Research, 2006, 169 (3): 1048-1063.

[118] Anderson E, Phillips C, Sicker D, et al. A simple and effective evolutionary algorithm for the vehicle routing problem [J]. Computers & Operations Research, 2004, 31 (12): 1985-2002.

[119] Baker B M, Ayechew M A. A genetic algorithm for the vehicle routing problem [J]. Computers & Operations Research, 2003, 30 (5): 787-800.

[120] Ballestín F, Barrios A, Valls V. Looking for the best modes helps solving the MRCPSP/max [J]. International Journal of Production Research, 2013, 51 (3): 813-827.

[121] Barnes E, Dai J, Deng S, et al. On the Strategy of Supply Hubs for Cost Reduction and Responsiveness [J]. Icfai Journal of Operations Management, 2003.

[122] Bertazzi L, Paletta G, Speranza M G. Deterministic Order-Up-To Level Policies in an Inventory Routing Problem [M]. INFORMS, 2002.

［123］ Burns L D， Hall R W， Blumenfeld D E， et al. Distribu-
tion Strategies that Minimize Transportation and Inventory Costs ［J］.
Operations Research， 1985， 33 （3）： 469 – 490.

［124］ Cagliano A C， Demarco A， Rafele C， et al. Using sys-
tem dynamics in warehouse management： a fast-fashion case study ［J］.
Journal of Manufacturing Technology Management， 2011， 22 （2）：
171 – 188.

［125］ Chandra P， Fisher M L. Coordination of production and
distribution planning ［J］. European Journal of Operational Research，
1994， 72 （3）： 503 – 517.

［126］ Chien T W， Balakrishnan A， Wong R T. An Integrated
Inventory Allocation and Vehicle Routing Problem ［J］. Transportation
Science， 1989， 23 （2）： 67 – 76.

［127］ Chopra S， Meindl P. Supply Chain Management： Strate-
gy， Planning and Operation ［J］. Iie Transactions， 2002， 34 （2）：
221 – 222.

［128］ Chuah K H， Yingling J C. Routing for a Just-in – Time
Supply Pickup and Delivery System ［J］. Transportation Science，
2005， 39 （3）： 328 – 339.

［129］ Chuah K H， Yingling J C. Routing for a Just-in – Time
Supply Pickup and Delivery System ［M］. INFORMS， 2005.

［130］ Dröge C， Germain R. The Design of Logistics Organiza-
tions ［J］. Transportation Research Part E Logistics & Transportation
Review， 1998， 34 （1）： 25 – 37.

[131] Du T, Wang F K, Lu P Y. A real-time vehicle-dispatching system for consolidating milk runs [J]. Transportation Research Part E, 2007, 43 (5): 565 – 577.

[132] Du T, Wang F K, Lu P Y. A real-time vehicle-dispatching system for consolidating milk runs [J]. Transportation Research Part E: Logistics and Transportation Review, 2007, 43 (5): 565 – 577.

[133] Du T, Wang F K, Lu P Y. A real-time vehicle-dispatching system for consolidating milk runs [J]. Transportation Research Part E Logistics & Transportation Review, 2007, 43 (5): 565 – 577.

[134] Facanha C, Horvath A. Environmental Assessment of Logistics Outsourcing [J]. Journal of Management in Engineering, 2005, 21 (1): 27 – 37.

[135] Federgruen A, Zipkin P. A Combined Vehicle Routing and Inventory Allocation Problem [J]. Operations Research, 1984, 32 (5): 1019 – 1037.

[136] Fingar P, Aronica R. The Death of "e" and the Birth of the Real New Economy: Business Models, Technologies and Strategies for the 21st Century / P. Fingar, R. Aronica; pról. de Bryan Maizlish [J].

[137] Gue K R, Meller R D. Aisle configurations for unit-load warehouses [J]. Iie Transactions, 2009, 41 (3): 171 – 182.

[138] Hammer M. Reengineering-work: Don't automate, obliterate [J]. Harvard Business Review, 1990, 67 (4): 104 – 112.

[139] Harrison. Perestroika in Automotive Inbound [J]. Manu-

facturing Engineer, 2001, 80 (6): 247 – 251.

[140] Hoeffding W. Probability Inequalities for Sums of Bounded Random Variables [M]. John Wiley & Sons, Inc. , 2004.

[141] Holweg M, Miemczyk J. Delivering the "3 – day car" — the strategic implications for automotive logistics operations [J]. Journal of Purchasing & Supply Management, 2003, 9 (2): 63 – 71.

[142] Iijima M. Logistics innovation for Toyota's world car strategy [J]. International Journal of Integrated Supply Management, 2005, 1 (4): 478 – 489.

[143] Kandel C, Klumpp M, Keusgen T. GPS based track and trace for transparent and sustainable global supply chains [C]// GPS based track and trace for transparent and sustainable global supply chains. International Conference on Concurrent Enterprising, 1 – 8.

[144] Karlin J N. Defining the lean logistics learning enterprise: examples from Toyota's North American supply chain [J]. 2004.

[145] Klenk E, Galka S, Günthner W A. Operating Strategies for In – Plant Milk – Run Systems [J]. IFAC – PapersOnLine, 2015, 48 (3): 1882 – 1887.

[146] Koch S, Wäscher G. A grouping genetic algorithm for the Order Batching Problem in distribution warehouses [J]. Journal of Business Economics, 2016, 86 (1 – 2): 131 – 153.

[147] Lai K K, Xue J, Zhang G. Layout design for a paper-reel warehouse: A two-stage heuristic approach [J]. International Journal of Production Economics, 2002, 75 (3): 231 – 243.

[148] Manzini R. Warehousing in the Global Supply Chain [M]. Springer London, 2012.

[149] Nicklarson, Andrewkusiak. Work-in-process space allocation: a model and an industrial application [J]. A I I E Transactions, 1995, 27 (4): 497 –506.

[150] Nicklarson T, Heathermarch, Andrewkusiak. A heuristic approach to warehouse layout with class-based storage [J]. A I I E Transactions, 1997, 29 (4): 337 –348.

[151] Ni L, He Y, Zhou L, et al. Robust control optimization of triple-echelon closed-loop pallet pool system in multi-uncertain environment [J]. J Inform Comput Sci, 2015 (12): 2635 –2645.

[152] Nugent C E, Vollmann T E, Ruml J. An Experimental Comparison of Techniques for the Assignment of Facilities to Locations [J]. Operations Research, 1968, 16 (1): 150 –173.

[153] Ohlmann J W, Fry M J, Thomas B W. Route Design for Lean Production Systems [J]. Transportation Science, 2008, 42 (3): 352 –370.

[154] Pesce L F, Frazão C D, Civinskas J, et al. The Next Step for a Lean Production: Milk Run [C]// The Next Step for a Lean Production: Milk Run. International Mobility Technology Conference and Exhibit.

[155] Pesce L F, Frazão C D, Civinskas J, et al. The next step for a lean production: Milk Run [R]. SAE Technical Paper, 2000.

[156] Porter M E. Competitive Advantage: Creating and Sustain-

ing Superior Performance [J]. New York: The Free Press, 1985.

[157] Poste G. Reengineering management [M]. HarperBusiness, 1995.

[158] Rilett L R. Incorporating Uncertainty and Multiple Objectives in Real – Time Route Selection [J]. Journal of Transportation Engineering, 2001, 127 (6): 531 –539.

[159] Sadjadi S J, Jafari M, Amini T. A new mathematical modeling and a genetic algorithm search for milk run problem (an auto industry supply chain case study) [J]. International Journal of Advanced Manufacturing Technology, 2009, 44 (1 –2): 194 –200.

[160] Shank & Gowindarajan J. Strategic Cost Management and the Value Chain [M]. Journal of Cost Management, 1992.

[161] Slayton R M, Nelson K A. Inbound logistics drives strong demand for transportation systems. (Front Page) [J]. Journal of Chemical Physics, 2004, 120 (8): 3908 –3918.

[162] Solomon M. The Vehicle Routing Problem with Time Windows [J]. Networks, 2011, 58 (4): 273 –289.

[163] Stacey J, Natarajarathinam M, Sox C. The storage constrained, inbound inventory routing problem [J]. International Journal of Physical Distribution & Logistics Management, 2007, 37 (37): 484 –500.

[164] Thangiah S R, Osman I H, Sun T. Hybrid Genetic Algorithm, Simulated Annealing and Tabu Search Methods for Vehicle Routing Problems with Time Windows [J]. 1993.

［165］ Vairaktarakis G. Coordinating production and distribution of jobs with bundling operations ［J］. Iie Transactions, 2007, 39 (2): 203 – 215.

［166］ Vis I F A, Roodbergen K J. Positioning of goods in a cross-docking environment ［M］. Pergamon Press, Inc, 2008.

［167］ Viswanathan S, Mathur K. Integrating Routing and Inventory Decisions in One – Warehouse Multiretailer Multiproduct Distribution Systems ［M］. INFORMS, 1997.

［168］ Wainwright R L. Multiple Vehicle Routing with Time and Capacity Constraints Using Genetic Algorithms ［C］// Multiple Vehicle Routing with Time and Capacity Constraints Using Genetic Algorithms. International Conference on Genetic Algorithms, 452 – 459.

［169］ Xu X F, Zhao J L, Song J K. Uncertain control optimization of resource planning for collaborative logistics network about complex manufacturing ［J］. Systems Engineering – Theory & Practice, 2012, 32 (4): 799 – 806.

［170］ Yang L, Sun Y. Expected value model for a fuzzy random warehouse layout problem ［C］// Expected value model for a fuzzy random warehouse layout problem. IEEE International Conference on Fuzzy Systems, 2004, 752: 751 – 756.

［171］ Yi J, Zhou J, Gao X, et al. Tactical planning and optimization of a milk run system of parts pickup for an engine manufacturer ［J］. 东南大学学报（英文版）, 2007.

［172］ Yi J, Zhou. Tactical planning and optimization of a milk run system of parts pickup for an engine manufacturer ［J］. 东南大学学报（英文版），2007.

［173］ Zhang G Q, Xue J, Lai K K. A genetic algorithm based heuristic for adjacent paper-reel layout problem ［J］. International Journal of Production Research, 2000, 38 （14）: 3343 – 3356.

［174］ Zhang Q, Cheng G, Wang Z, et al. Development of RFID application system in cargo inbound and outbound ［C］//Development of RFID application system in cargo inbound and outbound. TENCON 2009 – 2009 IEEE Region 10 Conference. 1 – 6.